高等职业教育电子商务专业系列教材

网 络 营 销

第 2 版

主　编　魏亚萍
副主编　徐　琳
参　编　高　歌　刘春晖　周运姐
　　　　潘小敏　张金廷　陈丝丝

机 械 工 业 出 版 社

本书详细介绍了网络营销的基础知识、网络营销策划、网络营销推广方法、网络营销管理等内容。全书共 4 部分，10 个项目，包含 26 个任务。重点与难点在第 3 部分网络营销的推广，包括：社会化媒体营销、搜索引擎营销、网络视频营销、软文营销、网络广告、病毒营销。各项目都设计了学习目标，通过案例导读引导读者探索将要进入的学习领域；用任务驱动的方式展开，通过相关知识、任务应用与任务拓展三个环节，做到理论与实际相结合，用真实的操作展示来归纳整理网络营销的技巧与步骤，强化应用与操作教学环节。

本书结构严谨、内容丰富、实操性强，可作为各类高等职业院校电子商务、物流、市场营销等财经类专业的教材，也可作为中小型企业和贸易类岗位从业人员的培训参考书。

为了便于教学，本书配有电子教案、多媒体课件和习题参考答案，便于读者辅助学习。选用本书作为教材的教师可以在机械工业出版社教育服务网（www.cmpedu.com）免费注册下载或联系编辑（010-88379194）咨询。

图书在版编目（CIP）数据

网络营销/魏亚萍主编. —2 版. —北京：机械工业出版社，2018.8（2022.9 重印）
高等职业教育电子商务专业系列教材
ISBN 978-7-111-60905-6

Ⅰ．①网… Ⅱ．①魏… Ⅲ．①网络营销—高等职业教育—教材
Ⅳ．①F713.365.2

中国版本图书馆 CIP 数据核字（2018）第 212055 号

机械工业出版社（北京市百万庄大街 22 号　邮政编码 100037）
策划编辑：梁　伟　　责任编辑：梁　伟　陈　洁
版式设计：鞠　杨　　责任校对：马立婷
封面设计：鞠　杨　　责任印制：邹　敏
北京盛通商印快线网络科技有限公司印刷
2022 年 9 月第 2 版第 7 次印刷
184mm×260mm・10 印张・240 千字
标准书号：ISBN 978-7-111-60905-6
定价：35.00 元

电话服务　　　　　　　　　网络服务
客服电话：010-88361066　　机　工　官　网：www.cmpbook.com
　　　　　010-88379833　　机　工　官　博：weibo.com/cmp1952
　　　　　010-68326294　　金　书　网：www.golden-book.com
封底无防伪标均为盗版　　　机工教育服务网：www.cmpedu.com

前　言

随着互联网的普及和市场竞争的日益加剧，传统营销模式已经不能满足在新型消费文化影响下消费者的需求。新的网络营销平台和资源不断涌现，网络营销工具和方法不断推陈出新，越来越多的企业认识到网络营销的重要性和紧迫性。

本书第1版自2007年5月出版以来，经多所院校使用，得到各院校网络营销教师与学生的喜爱，多次重印。几年来团队成员在教学科研方面取得了一系列成绩：主持参与省、市级教学科研课题成果显著；组织学生参加河北省及国家级技能大赛成绩突出；2014年建设了"网络营销"院级精品课程并通过了验收；2017年学院优选部分精品课程，进行了在线开放课程录制，打造了网络营销学习的平台，为方便师生学习打下了坚实的基础。

作为电子商务专业必备的专业技能与核心技能，编者结合网络营销的新发展和新需求，对第1版中的知识点进行了系统性的重构和修整。结合职业教育的教学特点和职业岗位要求，以项目为载体，采用任务驱动的原则组织内容，强调网络营销实践操作技能的培养。本书贯彻"概念—技术—任务操作及应用"这一流程，由浅入深，循序渐进，以概念和方法为铺垫，重点放在任务拓展操作上，突出对学生动手能力和专业技能的培养，充分调动和激发学生的学习兴趣。

本书内容共4个部分10个项目。包括网络营销基础、网络市场调研、网络营销方案策划、社会化媒体营销、搜索引擎营销、网络视频营销、软文营销、网络广告、病毒营销和网络推广效果评估。

本书建议各项目的参考学时见下表

项　目	课　程　内　容	64学时	96学时
项目1	网络营销基础	4学时	6学时
项目2	网络市场调研	4学时	6学时
项目3	网络营销方案策划	4学时	6学时
项目4	社会化媒体营销	20学时	30学时
项目5	搜索引擎营销	8学时	12学时
项目6	网络视频营销	4学时	6学时
项目7	软文营销	6学时	8学时
项目8	网络广告	6学时	8学时
项目9	病毒营销	4学时	8学时
项目10	网络推广效果评估	4学时	6学时

本书由廊坊职业技术学院的魏亚萍担任主编，徐琳担任副主编。参加编写的还有高歌、刘春晖、周运姐、潘小敏、张金廷和陈丝丝。具体编写分工如下：廊坊职业技术学院的魏亚萍编写了项目1（部分）和项目9，徐琳编写了项目2、项目3、项目6和项目10，刘春晖编写了项目4中的任务1和任务2；成都信息工程大学银杏酒店管理学院的高歌编写了项目1（部分）和项目8；佛山市三水区技工学校的潘小敏编写了项目4中的任务3、任务4和任务5；惠州城市职业学院的周运姐编写了项目5；新疆焉耆县职业技术学校的张金廷和陈丝丝共同编写了项目7。魏亚萍负责全书的框架体系设计、修订进程安排和统稿等工

作，徐琳协助完成了大量工作。

在编写的过程中，我们参阅了多位专家、学者的网络营销著作，也参考了同行的相关教材，使用和借鉴了大量相关领域的最新成果、数据和案例，在此表示衷心的感谢。同时，还要感谢编写团队成员们的辛勤付出。另外，最应该感谢的还是从第1版出版以来，一直给予本书支持的广大读者们，感谢你们的厚爱。经过努力，更新后的教材一定不负众望。

由于网络营销的理论和应用仍在不断发展和完善，加之编者水平有限，书中难免有所疏漏，敬请广大读者提出宝贵意见。

编　者

目 录

前 言

第1部分　初探网络营销

项目1　网络营销基础 2
　　任务1　走进网络营销 3
　　任务2　网络营销岗位认知 8
　　项目小结 11
　　思考与练习 11

第2部分　网络营销策划

项目2　网络市场调研 14
　　任务1　网络消费者行为分析 15
　　任务2　网络营销市场调研 20
　　项目小结 26
　　思考与练习 26

项目3　网络营销方案策划 28
　　任务1　网络营销组合策略 30
　　任务2　撰写网络营销策划书 36
　　项目小结 39
　　思考与练习 39

第3部分　网络营销的推广

项目4　社会化媒体营销 42
　　任务1　微信营销 43
　　任务2　博客和微博营销 50
　　任务3　问答营销 55
　　任务4　百科营销 63
　　任务5　论坛营销 67
　　项目小结 70
　　思考与练习 70

项目5　搜索引擎营销 71
　　任务1　搜索引擎营销认知 72
　　任务2　搜索引擎优化 77
　　任务3　搜索引擎竞价排名 83
　　项目小结 86
　　思考与练习 87

项目6　网络视频营销 88
　　任务1　网络视频营销认知 89
　　任务2　网络视频营销的实施 92
　　项目小结 94
　　思考与练习 95

项目7　软文营销 96
　　任务1　软文营销认知 97
　　任务2　软文标题的设计 103
　　任务3　软文的撰写与发表 110
　　项目小结 114
　　思考与练习 114

项目8　网络广告 116
　　任务1　网络广告认知 117
　　任务2　网络广告的策划 123
　　任务3　网络广告的制作、发布与评估 125
　　项目小结 128
　　思考与练习 128

项目9　病毒营销 130
　　任务1　病毒营销认知 131
　　任务2　病毒营销的实施 136
　　项目小结 139
　　思考与练习 139

第4部分　网络营销管理

项目10　网络推广效果评估 142
　　任务1　网络推广效果标准认知 142
　　任务2　网络营销效果评估 148
　　项目小结 150
　　思考与练习 151

参考文献 152

第1部分

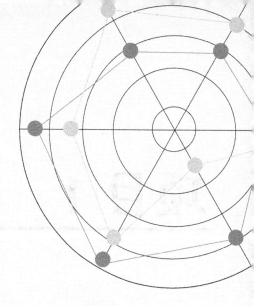

初探网络营销

网络营销是企业整体营销战略的一个组成部分,是网上商务活动的重要形式之一。随着网民规模的不断扩大和互联网普及率的不断增高,网络营销无论在传统企业还是互联网企业都成为促进商业交易成功的一种必要手段。

项目 1 网络营销基础

 学习目标

知识目标
1）熟识网络营销的概念、职能与方式。
2）熟知网络营销的岗位及要求。

能力目标
1）能够结合相关知识对网络营销有较全面的认知。
2）会解读企业的岗位要求,并根据企业的要求提升专业技能。

素质目标
1）能与团队成员协作开展网络营销活动。
2）树立网络营销的职业意识。

 案例导读

皇宫的网络营销法宝

故宫,既古老又神秘,历史悠久,文化底蕴深厚,但如今的故宫却被网友冠以"软、萌"的称呼。有 600 多年历史的故宫通过文创产品年销售额逾 10 亿元的收入,让故宫里具体负责做生意的"故宫淘宝"成为营销界有名的网红。那么,"故宫淘宝"究竟有怎样的营销法宝呢?

"故宫淘宝"是故宫开设的淘宝网店,主要销售与故宫有关的文创产品,宣传标语是"来自故宫的礼物"。自 2013 年 9 月,"故宫淘宝"微信公众号正式上线,它发布的第一条广告是《故宫周边推荐——十八子手串》,向读者推销十八子手串产品,同时以晒买家秀、展示孤品集锦等方式营销,但阅读量仅有 694,反响平平。直到 2014 年 8 月,"故宫淘宝"以一篇题为《雍正:感觉自己萌萌哒》的文章收获了 10 万以上的阅读量和超过 2000 的点赞数,引发了网友的疯狂转发,迅速为"故宫淘宝"打响了品牌知名度。这篇文章封面的雍正皇帝比画剪刀手"卖萌",文章中雍正皇帝化身各种身份,如弹琴的高士、乘凉的仙人、钓鱼的老翁等，通过技术手段处理成萌感十足的动态图，并配以有趣的文字作为说明，如："有时候，朕只想安安静静地做个美男子""朕就是朕，颜色不一样的烟火""你飞向前方自由翱翔，朕却始终跟不上你的脚步，好累"等。使得这篇具有时尚感、现代感的文章发布后立即受到网友热捧。

实际上，"故宫淘宝"能把皇宫的生意做强做大，得益于多种营销手法的组合使用，微信营销只是冰山一角。除此之外，"故宫淘宝"还开设了官方微博，加强与网友的互动；与腾讯网建立长期的合作关系，双方以故宫博物院 IP 形象和相关传统文化故事为原型，在创意、跨界合作和创新人才培养等方面深度合作；运用借势营销，提高自身品牌知名度。正是凭借推陈出新地开展多维度、立体化的营销活动，本来可以拼颜值却非要靠实力卖货的"故宫淘宝"当上了营销界的网红。

如今，"故宫淘宝"这位皇宫里走出的"段子手"依然活跃在营销界，其最新发布的微信文章《故宫淘宝被逼疯的设计师后来治好了吗？》依旧收获了 10 万以上的阅读量和 2000 多的点赞数。对于这位网红今后还将放出哪些"脑洞大开"的营销大招，让我们拭目以待。

案例思考：
1）什么是网络营销？
2）网络营销的手段有哪些？

任务1　走进网络营销

相关知识

中国互联网络信息中心（CNNIC）发布第 41 次《中国互联网络发展状况统计报告》显示，截至 2017 年 12 月，我国网民规模达到 7.72 亿人，超过全球平均水平（51.7%）4.1 个百分点，超过亚洲平均水平（46.7%）9.1 个百分点。这个数字让人深刻感受到"互联网+"时代各行各业潜藏的巨大商机。网络技术的迅猛发展彻底改变了企业的营销思维，网络营销成为众多企业从事市场推广优先考虑的营销策略。

1. 网络营销的产生背景

网络营销的产生不是一蹴而就的，它的产生伴随着网络与信息技术的发展，以及社会经济的进步更新。

（1）网络与信息技术的发展

互联网为网络营销的发展提供了技术基础。互联网融合通信技术、信息技术、计算机技术于一体，为实现资源和网络信息的共享，将不同类型的网络和计算机连接到一起，构成一个全新的整体。随着万维网（WWW）、电子邮件（E-mail）、搜索引擎等信息技术的广泛应用，互联网也应用于商业领域，网络营销也在此过程中应运而生。20 世纪 90 年代，网络广告的诞生、搜索引擎的相继出现及电子邮件营销的产生都标志着网络营销的形成。

（2）消费者价值观的改变

消费者价值观的改变是网络营销产生的观念基础。当今社会竞争激烈，消费者成为主导，传统的卖方市场开始转化为买方市场，把握消费者的特点成为关键。当今消费者比过去有更多的选择权，他们会寻求自身个性购物乐趣，自主地挑选适宜价格的商品，面对众多商家，网上信息的获取对比成为消费者的首要选择。而网络营销恰恰能为消费者推荐营销信息，使得获取对比的工作量大大降低，从而使网络营销得以产生与发展。

（3）商业竞争的结果

激烈的商业竞争是网络营销产生的现实基础。在买方市场的条件下，企业都在努力采取各种营销方法吸引消费者，力求在竞争过程中占据优势地位。虽然一些市场营销方法能够吸引消费者，但却不能保证企业取得竞争优势，而互联网却开辟了全新的市场领域。同时，企业也意识到网络市场不同于传统市场，需要改变传统的市场营销手段，以提升企业经营组织形式为主。因此，具有经营成本低、市场规模广、顾客互动强等特点的网络营销诞生。

2．网络营销的认知

（1）网络营销的概念

网络营销（E-Marketing）是指在互联网上以数字化的信息和网络媒体的方式为实现营销目标开展的新型营销活动。简单来说，网络营销就是企业为实现营销目标，以互联网为平台采取的一系列营销活动的总称。

网络营销不能单纯地理解为网上销售、电子商务或市场营销，四者之间存在着差别。

首先，网络营销是手段，而网上销售是目的。网络营销作为企业经营战略手段，以一系列的网上营销活动，实现产品的网上销售与推广和品牌形象的提升。

其次，网络营销是电子商务交易过程中的一个环节。电子商务是一个完整的商业交易电子化的过程，而网络营销作为促成电子化交易的手段，发挥着提供和传递信息的作用。

最后，网络营销与市场营销是企业经营战略的两种方式。市场营销为网络营销的开展提供了前提条件，网络营销以价格低、时效快、互动强的特点实现企业的经营目标。

（2）网络营销的特点

网络营销以互联网为背景开展营销活动，因此与市场营销相比具有以下几个方面的特点：

1）超时空性。网络营销依赖互联网，因互联网具有信息交换不受时间和空间限制的特点，企业能有更多的时间和空间营销，使得尽可能达到超时空的交易成为可能。

2）多媒体性。互联网可使用的媒体形式多种多样，如图片、文字、声音、视频等，营销人员创造性地运用多种媒体形式，达成交易前的信息交换方式。

3）互动性。互联网不仅可以展示和提供产品信息，还可以与消费者做双向的沟通交流，如收集市场情报、消费者满意度调查、产品测试等。

4）个性化。网络营销与消费者之间是有针对性的交流。销售人员不必再费力推销，消费者根据自身的需求，通过网络提供的信息和交互式交谈，挑选满足自身需求的产品。

5）高效性。互联网传递的信息数量、时效、精准度都远超其他媒体，因此消费者可以及时掌握产品的更新、价格的变动，为消费决策的判断提供依据。

6）经济性。互联网交换信息可以减少市场营销过程的成本，如宣传印刷费、邮寄费、店面租金、人工费等；还可以减少经营过程中多次交换的费用，提高企业的利润。

7）技术性。互联网的高技术性为企业实施网络营销提供了强有力的支持，对懂网络与营销的专业技术人才的要求更高。

（3）网络营销的职能

网络营销通过提供信息，营造网络经营环境，辅助电子交易过程的实现。因此，理解网络营销的职能，有助于认识网络营销手段的实施。网络营销的职能包括八个方面：网络品牌、网站推广、信息发布、销售促进、网上销售、顾客服务、客户关系、网上调研。

1）网络品牌。建立推广企业品牌是网络营销的核心职能之一。一般来说，企业通过网站或多媒体的形式，运用推广手段，达到让受众对品牌认知和认可的目的。网络营销是中小企业快速树立品牌形象，大型企业延伸品牌服务的不二之选。例如，零食网络品牌的树立如图1-1所示。

图1-1　零食网络品牌的树立

2）网站推广。网络营销的基础职能之一就是网站推广。企业所有网络营销功能的施展都需要建立在规模访问量的基础之上，网站推广就显得尤为重要，大量的有效访问成为评价网络营销成功的标志之一。尤其对于中小企业来说，通过网络推广可以获得同大企业竞争的权利。

3）信息发布。信息发布是指通过一定的方式将企业或产品信息传递给目标受众，是网络营销的基本职能之一，如图1-2所示。因互联网的跨时空特性，信息随时都能覆盖到世界的任何一个地点，形成最具规模、效力的传播。同时，互联网的交互性易于信息发布后的跟踪回复，使发布效果的评定变得简单。

4）销售促进。销售促进是网络营销的基本目的。虽然网络营销是在互联网上开展营销活动的，对网上的销售有直接的影响，但是网络营销的措施也间接地对线下促销产生了巨大的影响。

5）网上销售。网络营销在电子交易前，通过信息传播引导消费者到企业网站购买产品，以达成网上销售的职能。虽然企业的网站能实现网上交易，是传统销售渠道的延伸，但企业的网上销售场所还包括与其他电子商务网站的合作经营。

图1-2　借助网络进行信息发布

6) 顾客服务。互联网为网络营销提供了传统营销所不具有的互动性，使得企业为顾客提供服务十分方便，一般使用的方法包括 FAQ（常见问题解答）、即时通信工具、电子邮件等。企业为顾客提供的网上服务质量是评价网络营销效果的依据之一。

7) 客户关系。客户关系的维护是企业长久开发客户价值的良策，也是获取市场竞争优势的关键。客户关系是网络营销的职能之一，网络营销采取多样的营销方法，帮助企业建立客户关系、维护客户忠诚度、提升客户满意度等，如图1-3所示。

8) 网上调研。网上调研为网络营销决策提供依据，是直接获悉网络市场活动的重要手段。网络营销能充分发挥其他职能的作用，让企业信息获取利润，离不开网上调研提供的重要信息。

图1-3 不同阶段客户对应的服务不同

网络营销八个职能之间并非相互独立的，而是相互融合、相互联系的，八个职能之间的共同作用促成了网络营销的良好效果。

（4）网络营销的方式

网络营销的方式多种多样，通过各种网络营销方式将企业、产品、品牌等信息传递给受众，以下介绍几种常用的网络营销方式。

1) 微信营销。微信营销是用户注册微信后，可与周围同样注册的"朋友"形成一种联系，用户订阅自己所需的信息，商家通过提供用户需要的信息推广自己产品的点对点的营销方式。目前，企业营销最常见的方式是公众号营销。

2) 微博营销。微博营销是指通过微博平台为商家、个人等创造价值的一种营销方式。微博营销以微博作为营销平台，每一个观众都是潜在的营销对象，企业通过更新自己的微博向网友传播企业信息、产品信息，树立良好的企业形象和产品形象。该营销方式注重价值的传递、内容的互动、系统的布局、准确的定位，使得微博营销的效果显著。

3) 搜索引擎营销。搜索引擎营销是根据用户使用搜索引擎的方式，利用用户检索信息的机会尽可能地将营销信息传递给目标用户的方法。简单来说，搜索引擎营销就是基于搜索引擎平台的网络营销，利用人们对搜索引擎的依赖和使用习惯，在人们检索信息的时候尽可能地将营销信息传递给目标客户。目前，搜索引擎营销的主要方法包括搜索引擎优化、精准广告及付费收录等。

4) 电子邮件营销。电子邮件营销是在用户事先许可的前提下，通过电子邮件的方式向目标用户传递价值信息的一种网络营销手段。一般包括三个基本因素：用户许可、电子邮件传递信息、信息对用户有价值，三个因素缺一不可。这种营销方式是最原始的网络营销手段之一，它是利用电子邮件与受众客户进行商业交流的一种直销方式。

5) 论坛营销。论坛营销是企业利用论坛作为网络交流的平台，通过文字、图片、视频等方式发布企业的产品和服务信息，从而让目标客户更加深刻地了解企业的产品和服务。最终达到企业宣传自己的品牌及加深市场认知度的网络营销活动效果。

6) 软文营销。软文营销是通过特定的概念诉求，以摆事实讲道理的方式使消费者逐渐接受企业的营销宣传信息，以强有力且具针对性的心理攻击迅速实现产品销售的文字模式。这种营销方式从本质上来说，是企业软性渗透的商业策略在广告形式上的实现，通常借助文字表述与舆论传播使消费者认同某种概念、观点和分析思路，从而达到企业品牌宣传和产品销售的目的。

7）病毒营销。病毒营销是由信息源开始，依靠用户自发的口碑宣传，达到一种快速大范围的传播效果的营销方法。它主要依赖用户口碑传播的原理，在互联网上像流感病毒一样迅速蔓延，因此病毒营销是网站推广、品牌推广等高效的信息传播方式。病毒营销不仅需要信息源具有吸引力，还需要信息易于大范围传播。

8）网络广告。网络广告是在网络上开展的广告活动，是指广告主以多媒体技术为载体，在互联网刊登或发布信息，向目标群体进行产品或服务信息的推销，并进行交互式操作的有偿传播方式。其表现形式主要包括文字、图片、视频、声音等。这种网络营销方式是目前最常见、最直接的表现方式。

由于网络营销的方式多种多样，这里仅简单介绍最常见、最普遍的几种方式。随着互联网和信息技术的更新发展，新型的网络营销方式还将不断地推陈出新，辅助企业营销战略的实现。

任务应用

1. 确定不同类型的网站

网络营销方式的查找，不能局限于某一个网站，要从不同类型的网站中确定。因此，分别浏览门户网站、官方网站及购物网站等，备选网站为新浪、网易、海尔官网、苹果官网、京东商城、天猫商城等。

2. 讨论并总结网络营销方式

打开某个网站，查看网站类目、工具、布局等，通过网络检索或与同学探讨等方式确定网络营销方式，并简单总结网络营销方式的使用方法。

任务拓展

认识网络营销的方式

1. 任务目的

通过网络信息的收集与分析，能对网络营销有较全面的认知。

2. 操作步骤

1）浏览不同类型的网站，如新浪、网易、海尔官网、苹果官网、京东商城、天猫商城等。
2）查找并收集网络营销的方式。
3）总结网络营销的方式，并谈一谈自己对于网络营销的认知。

3. 实施结果

能完成网络营销方式的查找与总结，能准确表达对网络营销的认知。

任务2　网络营销岗位认知

相关知识

网络营销的发展离不开专业人才的支持，越来越多的企业将电子商务提上日程，并逐步改变了企业的组织结构。近几年，随着电子商务成为中国经济的支柱之一，网络营销与电子商务已经成为企业看中的经营方式，网络营销与电子商务的专职岗位出现，标志着网络市场已成为企业经营战略中不可或缺的一部分。但是专业人才的需求缺口巨大。在中国电子商务研究中心公布的《2016年度中国电子商务人才状况调查报告》中，40%的企业急需电商运营人才，5%的企业急需技术性人才（IT、美工），26%的企业急需推广销售人才，12%的企业急需综合性高级人才，9%的企业急需产品策划与研发人才。

1. 网络营销岗位群

网络营销作为企业网络市场竞争的主要手段，在企业的组织结构中大多设置了电子商务或网络营销的相关部门，在岗位设置上包括网络营销经理、网络推广专员、网站设计师、大数据分析师等。而本书探究的网络营销岗位群是按照岗位的职责和功能来区分的，主要包括商务类、技术类、运营类三个部分。

（1）商务类

企业主要通过网络平台进行贸易活动，因此商务类的岗位群主要负责产品的咨询、销售及售后服务等。商务类人员不仅知晓自身网站的工作流程，对其他网络平台也了如指掌，有一定的贸易知识与销售技巧；该类人员还具备专业的产品知识，为消费者提供更加专业的服务；外贸行业的商务运营更要具有一定的外语水平。

1）网站编辑：负责网站频道信息内容的搜集、把关、规范、整合和编辑，并更新上线；管理和维护社区，完善网站功能，提升用户体验；收集、研究和处理用户的意见和反馈；组织策划社区的推广活动及相关业内文章撰写；协助完成频道管理与栏目的发展规划，促进网站知名度的提高；配合技术、市场等其他部门的工作；信息的加工、采集；专业的编辑以及网页的推广。

2）网络推广员：负责运用网络营销的各种方法，实现企业指定的网络推广工作；掌握搜索引擎优化、交换链接、网站检测、邮件群发、客户端信息群发；负责网站推广。

3）网络营销策划师：负责对某个公司、项目、产品进行品牌的塑造和市场营销策划；收集并研究市场宏观方面的信息；帮助企业与商家宣传推广、设计、建立、定位与维护公司产品品牌，拟订项目的整体营销方案和各阶段的网络营销方案；编写网络营销方案设计报告、实施方案报告，独立完成网络广告策划案、品牌网络推广方案。

4）媒介推广经理：及时把握媒体动向，拓展新的媒体渠道；结合每个时期的投放策略，制订媒介推广方案；评估各种媒介方案的有效程度，提高媒介投放效率；协调并维护媒体关系，与重要媒体建立长期稳定的合作关系。

（2）技术类

网络营销以互联网为基础运行，技术类侧重于网站设计与开发方面。一个高效且能为企业带来经济效益的网站，无论是设计还是建构都是十分关键的。因为网络营销依赖网站发布产品信息、提升客户服务、树立品牌形象等，所以需要具有网站开发、网站规划、网站维护、网站推广技术等知识的专业人才。

1）网站设计师：负责收集网站前期业务需求及分析市场动态，确定网站定位；负责结合用户体验及技术实现的可能性，确定页面原型；负责根据页面原型，设计网站平面页面；负责将平面页面切图，并按照网站优化等标准设计网站静态页面；负责同网站技术部门开发网页前、后台代码，并完成页面的代码嵌套工作；负责网站内测、公测及漏洞修复流程等测试工作；负责发布网站并上线。

2）网站维护工程师：负责管理和维护网站；根据需求完成网站信息的更新及信息资源的整合；负责系统软硬件的调研、询价、采购、安装、升级、保管、维护等工作；负责计算机网络、服务器安全运行和数据备份，以及计算机系统防病毒管理。

3）网站优化工程师：负责网站的优化工作，使网站的关键词在搜索引擎中有较好的排名表现。

4）大数据分析师：负责大数据分析和挖掘平台的规划、开发、运营和优化；根据项目设计开发数据模型、数据挖掘和处理算法；通过数据探索和模型的输出进行分析，给出分析结果。

5）网站美工：配合网站程序开发人员整合完成网站前台界面的设计制作；负责公司门户网站所有频道栏目的图片设计及更新，对网站架构的优化提出建议；配合市场推广、网站策划及开发人员，对相应的商品专题推广页面进行设计制作、图片处理等。

（3）运营类

企业网站是开展网络营销的根据地，对于一个企业来说，网站不只是单纯的建立，还要懂得如何去运营，达到吸引消费者、促成购买、创建品牌等目的。同时，其他网络平台也为企业提供网络营销工具，这就需要做好客户开发与业务推广的工作。运营类人员一方面对网络市场有深入了解，另一方面也对网络营销工具十分熟悉，有利于企业网络营销的经营管理。

1）网站运营经理：负责网站建设及定期维护与更新；负责客户的开发；设计网站运营维护的标准化运作流程，提高页面浏览率，提高网站知名度；制订工作计划，监督、指导团队进行工作，实现高效率运作；参与宣传活动的主题策划及文档的撰写。

2）商务拓展：负责发掘合作伙伴需求，寻找新的合作点，拓展新项目；对内协调公司内部各部门，保证项目运营；策划、组织和督导所负责项目的市场推广活动；连接并推动上游及平行的合作伙伴结成利益相关体，向相关政府、媒体、社群等组织及个人寻求支持并争取资源。

3）网络营销顾问：提供适合企业资源的网络营销解决方案，代为执行或辅助指导企业进行网络营销策划、实施、监督和管理，利用信息化手段开展网络营销以提升企业在网络时代的竞争力。

4）跨境运营：研究跨境支付的发展趋势，把控跨境支付业务发展方向；负责跨境支付产品的总体策划和创新；负责跨境支付项目的运营管理和运营优化；负责公司跨境支付市场战略的制定，完成市场调研和市场定位。

2．网络营销岗位能力需求

网络营销是一项综合性非常强的工作，它要求岗位人员是个"全才"——不只专注于某方面的专业，还应具备其他方面的技能知识。根据网络营销岗位职责分析看出，网络营销的从业人员一般要具备四个方面的技能：计算机基本操作技能、网站开发维护技能、商务营销技能、行业素质与技能。

（1）计算机基本操作技能

随着计算机的普及，计算机的基本操作成为必备技能。作为网络营销的从业人员，对计算机的基本操作要求更加严格，如熟悉软件与操作系统的安装更新、熟练使用 Office 软件、熟悉计算机的配置并能简单处理网络故障，熟练使用电子邮箱及搜索引擎等网络工具，以及会使用 CRM、ERP 等管理信息系统等。

（2）网站开发维护技能

网络营销对于从事技术类岗位的从业人员提出了较高的要求，他们要掌握网站开发、网页设计、图片处理、数据库应用及数据分析等方面的能力，尤其对编程、图片设计及数据分析等方面提出了更高的要求。例如，熟悉常用网站开发工具、熟练使用图像处理软件，以及掌握数据的搜集、整理与分析方法等。同时，为了便于管理企业网站，保证企业网站能够正常访问，在网站维护方面，也有专门岗位人员从事网站管理、内容更新、预防木马、监测网络攻击等工作。

（3）商务营销技能

网络营销作为企业整体经营战略中的手段之一，商务营销技能成了网络营销岗位的重要技能。尤其在进行电子交易过程中，消费者的信息搜索、决策、购买、售后等环节，都离不开商务营销技能的参与。商务营销技能包括信息收集与处理、信息发布、网络市场调研、网络营销策划与实施、网络营销效果监测、网络广告应用、搜索引擎优化等内容。

（4）行业素质与技能

网络营销对于从业人员不仅从专业领域提出了较高的要求，还针对网络营销发展过程中出现的新变化，要求网络营销从业人员具备更高的团队、管理及学习能力，如能承受工作压力、具有团队合作精神、具有良好的法律意识、具有创新与创业能力等。

任务应用

1．查询甄选网络营销岗位

在招聘网站的搜索框中输入"网络营销"这一关键词，在搜索结果中，按照地区、学历、职位类别等内容甄选网络营销岗位。

2．总结岗位要求、薪酬及发展方向

分别打开不同企业的同一岗位，查看岗位的招聘详情，汇总该岗位的要求、薪酬及发展方向。

任务拓展

利用互联网查找网络营销岗位

1．任务目的

能理解企业的岗位要求，并根据企业的要求提升专业技能。

2. 操作步骤

1）选取适合的网络招聘网站。
2）查找并甄选感兴趣的网络营销岗位。
3）筛选不同企业同一网络营销岗位的要求、薪酬及发展方向。
4）汇总并罗列该网络营销岗位的说明。

3. 实施结果

能完成利用互联网查找网络营销岗位的任务，并能汇总出企业网络营销岗位的要求、薪酬及发展方向。

项 目 小 结

本项目由走进网络营销和网络营销岗位认知两个任务组成。着重介绍了网络营销的发展、概念、职能、方式及网络营销的岗位与要求等方面的知识，初学者结合任务应用与任务拓展，能够对网络营销有较全面的认知，并根据企业的要求提升专业技能。

思考与练习

1. **不定项选择题**（至少有一个选项是对的）

1）关于网络营销的说法不正确的是（　　　　）。
    A．以互联网为手段　　　　　　　　B．以开拓市场并实现利润为目标
    C．不仅是网上销售　　　　　　　　D．完全取代传统市场营销
2）下面不属于网络营销职能的是（　　　　）。
    A．网络推广　　　B．网络品牌　　　C．资源共享　　　D．网上调研
3）网络营销的手段包括（　　　　）。
    A．微博　　　　　B．电子邮件　　　C．搜索引擎　　　D．病毒营销
4）网络营销的市场岗位包括（　　　　）。
    A．网络编辑　　　　　　　　　　　B．网络运营专员
    C．网络数据分析师　　　　　　　　D．网页设计师
5）熟练使用 Office 软件是对（　　　　）提出的要求。
    A．网站开发维护技能　　　　　　　B．行业素质与技能
    C．商务营销技能　　　　　　　　　D．计算机基本操作技能

2. **简答题**

1）什么是网络营销？网络营销的职能有哪些？
2）结合网络营销岗位与要求，谈一谈自己的职业规划？

第 2 部分

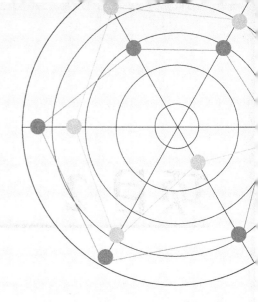

网络营销策划

"凡事预则立,不预则废"。好的网络营销策划将会使营销效果事半功倍。网络营销策划不单指网上销售,也不是单纯的网站推广,因此,网络营销的效果也不尽相同。例如,网络营销对线上线下产品销售额的促进、对客户服务的支持及对企业品牌拓展的帮助等。网络营销策划就是为了实现特定网络营销目标而进行的策略思考、方案规划的过程。

项目 2

网络市场调研

学习目标

知识目标

1）识记网络消费者的定义。
2）熟识网络消费者的购买动机及网络市场调研的内容。
3）牢记网络消费者的购买过程及网络市场调研的方法。

能力目标

1）能预测消费者的动机行为，会引导消费者消费。
2）能够设计网络市场调查问卷。
3）能对调查问卷进行推广，并统计调查数据和整理调查结果。

素质目标

1）能与团队成员协作开展网络市场调研。
2）培养逻辑思维能力、数据分析能力。

案例导读

不同的调查结论

美国一家制鞋公司要寻找国外市场，公司派一名业务员去非洲的一个岛国，让他了解能否将本公司的鞋销售到这个岛国。这个业务员到非洲后待了一天发回一封电报："这里的人不穿鞋，没有市场。我即刻返回。"公司又派出了一名业务员，第二个人在非洲待了一个星期，发回一封电报："这里的人不穿鞋，鞋的市场很大，我准备把本公司生产的鞋卖给他们。"公司总裁得到两种不同的结果后，为了解到更真实的情况，于是又派去了第三个人，该人到非洲后待了三个星期，发回一封电报："这里的人不穿鞋，原因是他们脚上长有脚疾，他们也想穿鞋，过去不需要我们公司生产的鞋，因为我们的鞋太窄。我们必须生产宽鞋，才能满足他们对鞋的需求。这里的部落首领不让我们做买卖，除非我们借助于政府的力量和公关活动搞大市场营销。我们打开这个市场需要投入大约 1.5 万美元。这样我们每年能卖大约 2 万双鞋，在这里卖鞋可以赚钱，投资收益率约为 15%。"

案例思考：
1）三个人的结论为何不同？
2）这三个业务员的结论哪个更好？为什么？

任务 1　网络消费者行为分析

网络消费者的购买行为是影响网络营销的重要因素。研究网络消费者的购买动机和影响因素，了解消费者购买行为决策的过程，有利于引导潜在消费者变为现实消费者，并为企业网络营销决策提供科学依据。

相关知识

1. 网络消费者的定义

网络消费者是以互联网络为手段而实现消费和购物等活动的消费人群，是网民的一部分。

截至 2017 年 12 月，我国网民规模达到 7.72 亿人，互联网普及率为 55.8%，如图 2-1 所示。其中手机网民规模为 7.53 亿人，占总体网民的 97.5%。网民性别结构趋向均衡，并且与人口性别比例基本一致。以 10～39 岁的群体为主，占整体的 73%。随着社会经济的不断发展，网民的收入水平也逐年增长，网民中月收入在 2001～3000 元及 3001～5000 元的群体占比较高，分别为 16.6% 和 22.4%。

图 2-1　中国网民规模和互联网普及率

2011～2018年我国网络消费者规模持续增长，2018年网络购物用户总规模达5.3亿人。人均消费额持续增长，2018年网络购物人均消费额为14240.7元，如图2-2和图2-3所示。

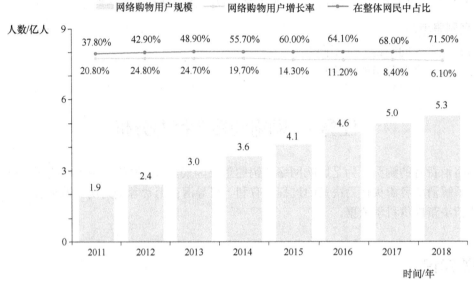

图2-2　2011～2018年网络购物用户规模

图2-3　2011～2018年网络购物人均消费额

随着互联网的发展、网民数量的增加及网购方式的流行，网络消费者在整体网民中的比例将越来越高。

最新的调查结果显示，网络购物用户正在逐渐趋于细分，"90后"、老年人、女性成为消费新动力。未来网购企业应提供更精准的服务来满足不同消费群体的需求。

2．网络消费者的购买动机

网络消费者的购买动机是指在网络购买活动中，能促使消费者产生购买行为的一种内部动力，反映了消费者在心理、精神或感情方面的需求。例如，一个人想要利用网络更好地学习，因此他就产生了上网学习的需要，而网络学习需要借助计算机，因此就有了购买计算机的动机，购买行为的产生原理如图2-4所示。

图2-4 购买行为的产生原理

根据顾客购买商品的原因和驱动力的不同，网络消费者的购买动机可分为：

1）情绪动机。情绪动机是由人的喜、怒、哀、欲、爱、恶、惧等情绪引起的动机。例如，为了过生日而购买蛋糕和蜡烛等。这类动机常常是被外界刺激信息所感染，所购商品并不是生活必需或急需的，事先也没有计划或考虑。情绪动机推动下的购买行为具有冲动性、即景性的特点。

2）情感动机。情感动机是道德感、群体感、美感等人类高级情感引起的动机。例如，爱美而购买化妆品，以及为交际而购买馈赠品等。这类动机推动下的购买行为，一般具有稳定性和深刻性的特点。

3）理智动机。理智动机是建立在人们对商品的客观认识之上，经过比较分析而产生的动机。这类动机使人类对欲购商品有计划性，经过深思熟虑，购前做过一些调查研究。例如，经过对质量、价格、保修期的比较分析，有的消费者在众多品牌洗衣机中决定购买某个品牌的洗衣机。理智动机推动下的购买行为具有客观性、计划性和控制性的特点。

4）惠顾动机。惠顾动机是指基于情感与理智的经验，对特定的商店、品牌或商品产生特殊的信任和偏好，使消费者重复地、习惯地前往购买的动机。例如，有的消费者几十年使用同一品牌的牙膏；有的消费者总是到某几个商店去购物等。这类动机推动下的购买行为具有经验性和重复性的特点。

3．影响网络消费者购买的主要因素

（1）产品的特性

首先，由于网上市场不同于传统市场，网络消费者有着区别于传统市场的消费需求特征，因此并不是所有产品都适合在网上销售和开展网上营销活动的。根据网络消费者的特征，网上销售的产品一般要考虑产品的新颖性，即产品是新产品或时尚类产品，比较能吸引人的注意。追求商品的时尚和新颖是许多消费者，特别是青年消费者重要的购买动机。

其次，考虑产品的购买参与程度。一些产品要求消费者参与程度比较高，消费者一般需要现场购物体验，而且需要很多人提供参考意见，对于这些产品不太适合网上销售。对于消费者需要购买体验的产品，可以采用网络营销推广功能，辅助传统营销活动进行，或者将网络营销与传统营销进行整合，通过网上宣传和展示产品，消费者在充分了解产品的性能后，可以到相关商场进行选购。

（2）产品的价格

从消费者的角度说，价格不是决定消费者购买的唯一因素，但却是消费者购买商品时肯定要考虑的因素，而且是一个非常重要的因素。对一般商品来讲，价格与需求量之间经常表现为反比关系，同样的商品，价格越低，销售量越大。网上购物之所以具有生命力，重要的原因之一是网上销售的商品价格普遍低廉。

此外，消费者对于互联网有一个价格心理预期，那就是即使在网上购买的商品是要花钱的，价格也应该比传统渠道的价格要低。一方面，这是因为互联网的起步和发展都依托了免费策略，因此互联网的免费策略深入人心，而且免费策略也得到了成功的商业运作。另一方面，互联网作为新兴市场，可以减少传统营销中的中间费用和一些额外的信息费用，可以大大削减产品的成本和销售费用，这也是互联网商业应用的巨大增长潜力所在。

（3）购物的便捷性

购物的便捷性是消费者选择购物的首要考虑因素之一。一般而言，消费者选择网上购物时考虑的便捷性，一是时间上的便捷性，可以不受时间的限制并节省时间；另一方面，是可以足不出户，在很大范围内选择商品。

（4）安全可靠性

网络购物的另外一个必须考虑的问题是网上购买的安全性和可靠性。由于在网上消费，消费者一般需要先付款后收货，这使过去购物的一手交钱一手交货的现场购买方式发生了变化，网上购物中的时空发生了分离，消费者有失去控制的离心感。因此，为减弱网上购物的这种失落感，在网上购物各个环节必须加强安全措施和控制措施，保护消费者购物过程的信息传输安全和个人隐私保护，以及树立消费者对网站的信心。

任务应用

网络消费者购买行为决策

网络购物是指网络消费者为完成购物或与之有关的任务而在虚拟的网络购物环境中浏览、搜索相关商品信息，从而为购买决策提供所需的必要信息，并实现决策的购买过程。网络消费者的购买决策过程是消费者需要、购买动机、购买活动和买后使用感受的综合与统一。作为网络消费者，其购买过程可分为以下 5 个阶段：确认需求、信息收集、比较选择、购买决策和购后评价。

1. 确认需求

网络购买过程的起点是诱发需求，当消费者认为已有的商品不能满足需求时，才会产生购买新产品的欲望。在传统的购物过程中，消费者的需求是在内外因素的刺激下产生的，而对于网络营销来说，诱发需求的动因只能局限于视觉和听觉。因而，网络营销对消费者的吸引是有一定难度的。作为企业或中介商，一定要注意了解与自己产品有关的实际需要和潜在需要，掌握这些需求在不同的时间内的不同程度及刺激诱发的因素，以便设计相应的促销手段去吸引更多的消费者浏览网页，诱导他们的需求欲望。

2. 收集信息

当需求被唤起后，每一个消费者都希望自己的需求能得到满足。所以，收集信息、了解行情成为消费者购买的第二个环节。

收集信息的渠道主要有两个方面：内部渠道和外部渠道。消费者首先在自己的记忆中搜寻可能与所需商品相关的知识经验，如果没有足够的信息用于决策，他便要到外部环境中去寻找与此相关的信息。当然，不是所有的购买决策活动都要求同样程度的信息和信息搜寻。根据消费者对信息需求的范围和对需求信息的努力程度不同，可分为以下三种模式：

（1）广泛问题的解决模式

广泛问题的解决模式是指消费者尚未建立评判特定商品或特定品牌的标准，也不存在对特定商品或品牌的购买倾向，而是很广泛地收集某种商品的信息。处于这个层次的消费者，可能是因为好奇、消遣或其他原因而关注自己感兴趣的商品。这个过程收集的信息会为以后的购买决策提供经验。

（2）有限问题的解决模式

处于有限问题解决模式的消费者，已建立了对特定商品的评判标准，但尚未建立对特定品牌的倾向。这时，消费者有针对性地收集信息。这个层次的信息收集才能真正而直接地影响消费者的购买决策。

（3）常规问题的解决模式

在常规问题的解决模式中，消费者对将来购买的商品或品牌已有足够的经验和特定的购买倾向，它的购买决策需要的信息较少。

3．比较选择

消费者需求的满足是有条件的，这个条件就是实际支付能力。消费者为了使消费需求与自己的购买能力相匹配，就要对各种渠道汇集而来的信息进行比较、分析、研究，根据产品的功能、可靠性、性能、模式、价格和售后服务，从中选择一种自认为"足够好"或"满意"的产品。

由于网络购物不能直接接触实物，所以网络营销商要对自己的产品进行充分的文字描述和图片描述，以吸引更多的消费者。但也不能对产品进行虚假的宣传，否则可能会永久失去消费者。

4．购买决策

网络消费者在完成对商品的比较选择之后，便进入购买决策阶段。与传统的购买方式相比，网络消费者在进行购买决策时主要有以下3个方面的特点：

第一，网络消费者理智动机所占的比重较大，而情感动机的比重较小。

第二，网络购物受外界影响小。

第三，网络购物的决策行为与传统购买决策相比速度要快。

网络消费者在决策购买某种商品时，一般要具备以下3个条件：

第一，对厂商有信任感。

第二，对支付有安全感。

第三，对产品有好感。

因此，网络营销商要重点抓好以上工作，促使消费者实现购买行为。

5．购后评价

消费者购买商品后，往往通过使用对自己的购买选择进行检查和反省，以判断这种购买决策的准确性。购后评价往往能够决定消费者以后的购买动向，"满意的消费者就是最好的广告"。

为了提高企业的竞争力，最大限度地占领市场，企业必须虚心听取消费者的反馈意见和建议。方便、快捷、便宜的电子邮件，为网络营销者收集消费者购后评价提供了得天独厚的优势。厂商在网络上收集到这些评价之后，通过计算机的分析、归纳，可以迅速找出工作中的缺陷和不足，及时制定相应的对策，改进自己产品的性能和售后服务。

任务拓展

体验并分析消费者的购买行为

1．任务目的

掌握分析消费者购买过程和购买行为的影响因素。

2．操作步骤

1）选择自己或朋友购买重要产品的网购经历，如笔记本式计算机、手机等，综合分析确定购买行为的影响因素。

2）详细阐述购买决策过程。

3）思考最终影响购买决策的原因是什么。

3．实施结果

结合自身的网购经验，分析网络消费者的购买行为，将整个决策过程具体化并形成报告。

任务2　网络营销市场调研

相关知识

一般市场调研是指以科学的方法，系统地、有目的地收集、整理、分析和研究所有与市场有关的信息，重点把握有关消费者的需求、购买动机和购买行为等方面的信息，从而把握市场现状和发展态势，以便有针对性地制定营销策略，取得良好的营销效益。互联网作为21世纪新的信息传播媒体，加快了世界经济结构的调整与重组，形成了数字化、网络化、智能化与集成化的经济走向，也在迅速改变着传统的市场营销方式乃至整个经济面貌。为了适应这种信息传播媒体的变革，一种崭新的调研方式——网上调研随之产生。

1．网络市场调研的定义及特点

网络市场调研是企业开展网络营销活动的前提和基础。互联网为网络市场调研提供了强有力的工具，国际上许多知名公司都利用互联网和其他一些在线服务进行市场调研，并且取得了满意的效果。

（1）网络市场调研的定义

网络市场调研是利用互联网和信息技术，针对特定营销环境进行调查设计、问卷设计、资料收集和分析研究，并将这些信息作为企业的网络营销决策的数据支持和分析依据，从而更好地实现营销效益。

网络市场调研与传统调研相比较，可以非常明显地看出两者的不同，见表2-1。

表2-1 网络市场调研与传统市场调研比较

项目比较	网络市场调研	传统市场调研
调查费用	较低，主要是数据处理费与设计费，调查问卷要支付的费用几乎为零	昂贵，包括问卷设计、印刷、发放、回收、培训、调查结果的整理与分析
适用性	适合长期大样本调查，适合迅速得出结论的情况	适合面对面深度访谈
调查范围	全国乃至全球，样本数量庞大	受成本限制，调查地区和样本数量有限
动作速度	只需搭建平台，数据库可自动生成	较慢，至少2~6个月才能得出结论
被访问者便利性	非常便利，被访问者可自由决定时间、地点回答问卷	不太方便，一般要跨越空间障碍，到达访问地点
调查时效性	全天候进行	对不同访问者进行访问的时间不同

（2）网络市场调研的特点

通过以上对比，可以更加清晰地概括出其特点：

1）便捷性和经济性。传统市场调研要耗费大量人力、物力，而网络市场调研非常便捷、经济，只需一台能上网的计算机即可。调查人员在企业站点上发出电子调查问卷，网民自愿填写，然后通过统计分析软件对被访问者反馈回来的信息进行整理和分析。信息收集过程中不受天气和距离等条件的限制，调查人员不需要印刷调查问卷，调查过程中最繁重、最关键的信息收集和录入工作将分布到众多网上用户的终端完成。

2）交互性和充分性。在网上调查时，被访问者可以及时就问卷相关问题提出自己的看法和建议，减少因问卷设计不合理而导致的调查结论出现偏差等问题；也可自由地在网上发表自己的看法，没有时间的限制。而传统的市场调研是不可能做到这些的，如面谈调查时间不能超过10分钟，否则被访问者会不耐烦，因而对调查人员的要求非常高。

3）及时性和共享性。网络市场调研是开放的，任何网民都有权参加投票和查看结果，这保证了网络信息的及时性和共享性。网上投票信息经过统计分析软件初步处理后，可以看到阶段性结果，而传统的网络市场调研需经过很长的一段时间才可得出结论。

4）无时空和地域的限制。网络市场调研可以24小时全天候进行，这与受区域和时间制约的传统市场调研方式有很大的不同。例如，某公司要了解各国对某一国际品牌的看法，只需在一些著名的全球性广告站点发布广告，把链接指向公司的调查表就行了，无须像传统的市场调研那样，在各国找不同的代理分别实施。

5）调研结果的可靠性和客观性。被访问者在完全自愿的原则下参与调查，调查的针对性更强，这种基于消费者和潜在消费者的市场调研结果是客观和真实的，在很大程度上反映了消费者的消费心态和市场发展的趋向。而传统市场调研面谈法中的拦截询问法，实质上是带有一定的"强制性"的。

6）可检验性和可控制性。利用互联网进行网络调研并收集信息，可以有效地对采集信息的质量实施系统的控制。首先，网络市场调查问卷可以附加全面规范的指标解释，有利于消除因对指标理解不清或调查人员解释口径不一而造成的调查偏差。其次，问卷的复核检验由计算机依据设定的检验条件和控制措施自动实施，可以有效地保证对调查问卷100%的复核检验，保证检验与控制的客观公正性。另外，通过对被访问者的身份验证技术可以有效地防止信息采集过程中的舞弊行为。

2. 网络市场调研的内容与方法

与传统的市场调研一样，网络市场调研应遵循一定的步骤和方法，使调研过程的质量得到保证。

（1）网络市场调研的内容

网络市场调研的内容主要有以下3个部分：市场需求容量调研、可控因素调研和不可控制因素调研。

1）市场需求容量（The Market Needs）调研。市场需求容量调研主要包括：现有和潜在的需求容量；市场最大和最小需求容量；不同商品的需求特点和需求规模；营销机会在不同市场空间的分布及竞争对手和企业的现有市场占有率情况的调查分析。

2）可控因素（The Controllable Factor）调研。可控因素调研主要包括对产品、价格、销售渠道和促销方式等因素的调研。

① 产品调研。产品调研包括有关产品性能、特征和消费者对产品的意见和要求的调研；产品寿命周期调研，以了解产品所处的寿命期的阶段；产品的包装、名牌等给消费者的印象的调研，以了解这些形式是否与消费者或用户的习惯相适应。

② 价格调研。价格调研包括产品价格的需求弹性调研；竞争对手价格变化情况调研；新产品价格制定或老产品价格调整所产生的效果调研；实施价格优惠策略时机的效果调研。

③ 销售渠道调研。销售渠道调研包括企业现有产品分销渠道状况；中间商在分销渠道中的作用及各自的实力；用户对中间商尤其是代理商、零售商的印象等项的调研。

④ 促销方式调研。促销方式调研主要是指对广告宣传、人员推销、公共关系等促销方式的实施效果进行对比、分析。

3）不可控制因素（The Uncontrollable Factor）调研。不可控制因素调研主要包括政治环境、经济发展状况和社会文化等因素的调研。

① 政治环境调研。政治环境调研主要是指针对企业产品用户所在国家或地区政治形势的稳定程度、政府现行法令、政策等方面的调研。

② 经济发展状况调研。经济发展状况调研主要是调查在宏观经济发展中，企业所面对的市场将产生何种变化。

③ 社会文化因素调研。市场需求变动是受社会文化因素影响的，如职业、文化程度、社会道德与审美意识、宗教信仰及民风等方面的调研。

④ 技术发展状况与趋势调研。技术发展状况与趋势调研主要是为了了解与本企业商品生产有关的技术水平现状及发展趋势，同时还应把握社会同类产品生产企业的技术水平提高情况。

⑤ 竞争对手调研。竞争对手调研主要是指竞争对手的数量、竞争对手的市场占有率及发

展趋势、竞争对手正在及将要采用的营销策略、潜在竞争对手的情况等方面的调研。

（2）网络市场调研的基本方法

利用网络进行市场调研有两种方法：一种是直接进行的一手资料调查，即网络市场直接调研；另一种方法是网络市场间接调研，即利用互联网的媒体功能，在互联网上收集二手资料进行调研。

1）网络市场直接调研。网络市场直接调研是指为当前特定的目的在互联网上收集原始信息或一手资料的过程。网络市场直接调研的方法有 4 种：网上观察法、专题讨论法、网上实验法和在线问卷法。其中在线问卷法的应用最广，也是专业程度最高的网络市场调研方法。

① 网上观察法：网上观察的实施主要是利用相关软件和人员记录登录网络浏览者的活动。相关软件能够记录登录网络浏览者浏览企业网页时所点击的内容和浏览的时间；在网上喜欢看什么商品的网页；看商品时，先点击的是商品的价格、服务、外形还是其他人对商品的评价；是否有就相关商品和企业进行沟通的愿望等。

② 专题讨论法：专题讨论法可通过电子公告牌系统（BBS）、新闻组（Usenet）或邮件列表讨论组进行。

③ 网上实验法：网上实验法可以通过在网络中所投放的广告内容与形式进行实验。设计几种不同的广告内容和形式在网页或新闻组上发布，也可以利用电子邮件传递广告。我们可以通过服务器端的访问统计软件随时监测广告的效果，也可以利用客户反馈信息量的大小来判断，还可以借助专业的广告评估机构来评定。

④ 在线问卷法：在线问卷法也是在线调研的重点内容，是最常用的在线调研方法，被广泛应用于各种专业的调研活动。这其实相当于传统问卷调查方法在网络上的表现形式。很多专业的在线问卷调查可以委托专业公司进行。不过也有一些在线调查平台，提供免费的调查服务，在提供常规在线问卷设计及投放服务的同时，还提供一些常用的问卷模板，使设计更简单。例如，腾讯问卷免费调查系统（http://wj.qq.com）如图 2-5 所示，专业问卷调查平台——问卷星（https://www.wjx.cn）如图 2-6 所示。

图 2-5　腾讯问卷免费调查系统

图 2-6　专业问卷调查平台——问卷星

2) 网络市场间接调研。网络市场间接调研指的是对网上二手资料的收集。它是指通过搜索引擎搜索有关站点的网址，访问所需信息的网站或网页，收集与企业营销活动相关的宏观环境、竞争对手、消费者、供应商、市场营销渠道企业及产品等方面信息的调研方式。网络市场间接调研被企业广泛应用。一方面，这种调研方法操作相对更加便捷；另一方面，这种调研方法提供的信息非常广泛，可以满足企业管理决策的需要。

如果想要在互联网海量的二手资料中找到自己需要的信息，首先必须对搜索引擎使用熟练，其次要掌握专题型网络信息资源的分布。网上查找资料主要通过以下方法进行：

① 利用搜索引擎查找资料：提供一个搜索入口，根据搜索者提供的关键词，反馈出的搜索结果是与关键词相关的商机信息，如供求信息、产品信息、企业信息及行业动态信息，并且给予搜索者一定的信息分拣引导，最终达到满足搜索者实际需求的目的。利用搜索引擎可以获得大量有用的市场资料，是最简单、最有用的网络调研方法之一。

② 访问相关网站收集资料：由于互联网数据的开放性和动态性，利用搜索引擎收集的市场资料通常适用于临时性的调研，对于需要长期跟踪收集的行业网站资料，则可以通过长期直接跟踪访问相关专题信息集中的热门行业网站，获得所需的资料。

③ 利用网上数据库查找资料：网上数据库分为免费和付费两种。国外用于市场调研的数据库一般是付费的。

任务应用

进行网络市场调研的步骤

1. 明确问题与确定调研目标

明确问题与确定调研目标对使用网上搜索的方法来说非常重要。所以，在进行网络搜索时，脑中要有一个清晰的目标并注意去寻找。一些可以设定的目标如：

1）谁有可能想在网上使用你的产品或服务？
2）谁是最有可能成为买你产品或服务的客户？
3）在你这个行业，谁已经上网？他们在做哪些活动？
4）客户对你的竞争对手的印象如何？
5）在公司日常运作中，可能要受哪些法律、法规的约束？如何规避？

2．制订调查计划

制定出最为有效的信息搜索计划是网络市场调研的第 2 个步骤。具体来说，要确定资料来源、调研方法、调查手段、抽样方案和联系方法。下面就相关的问题进行说明：

（1）资料来源　确定收集的是二手资料还是原始资料。

（2）调研方法　网络市场调查可以使用专题讨论法、问卷调查法和实验法。

1）专题讨论法是借用邮件列表讨论组、新闻组和网上论坛的形式进行的。

2）问卷调查法可以使用电子邮件（主动出击）分送和在网站上刊登等形式。

3）实验法则是选择多个可比的主体组，分别赋予不同的实验方案，控制外部变量，并检查所观察到的差异是否具有统计上的显著性。这种方法与传统的市场调查所采用的原理是一致的，只是手段和内容有差别。

（3）调查手段　具体内容如下：

1）在线问卷。其优点是制作简单、分发速度快且回收方便，但要注意问卷的设计水平和技巧。

2）交互式计算机辅助电话访谈系统是利用一种软件程序在计算机辅助电话访谈系统上设计问卷结构并在网上传输。互联网服务器直接与数据库连接，对收集到的被访者答案直接进行储存。

3）网络调研软件系统是专门为网络调研设计的问卷链接及传输软件，包括整体问卷设计、网络服务器、数据库和数据传输程序。

（4）抽样方案　确定抽样单位、样本规模和抽样程序。

（5）联系方法　获取网上交流的形式，如电子邮件传输问卷、参加网上论坛等。

3．收集信息

资料的收集方法借助网络通信技术的突飞猛进得以迅速发展。互联网没有时空和地域的限制，因此网络市场调研可以在全国甚至全球进行。同时，收集信息的方法也很简单，直接在网上递交或下载即可。这与传统市场调研的收集资料方式有很大区别。

4．分析信息

目前国际上较为通用的分析软件有 SPSS、SAS 等。即时呈现是网上信息的一大特征，而且很多竞争对手还可以从一些知名商业网站上得到同样的信息，因此信息分析能力尤为重要，它能使你在变化的动态中捕捉到商机。

5．提交报告

撰写调研报告是整个调研活动的最后一个阶段。报告不是把数据和资料简单堆砌在一起，调研人员也不能把复杂的统计技术和大量的数字扔到管理人员面前，否则就失去了调研的价值，而应该把与网络营销关键决策有关的主要调查结果报告出来，并以正规结构撰写调查报告。

作为对填表者的一种激励或犒赏，网上调查应尽可能地把调查结果反馈给填表者或广大读者，查询结果权限定为填表者，只需分配给填表者一个进入密码。对于简单调查，可以采取互动的形式公布统计的结果，效果更佳。

任务拓展

设计在线调查问卷

1. 任务目的

能够设计并使用在线调查问卷，提高对网络市场调研的认知。

2. 操作步骤

1）登录、注册问卷星等调查问卷网站。
2）为家乡特产设计一套网络调查问卷，包括调查说明、调查内容及被调查者个人信息。
3）利用微信、朋友圈、QQ等多渠道发放问卷。
4）将问卷数据汇总、统计并进行分析。

3. 实施结果

根据问卷结果分析数据和结论形成调研报告。

项 目 小 结

本项目着重对网络市场调研进行介绍，由网络消费者购买行为分析和网络市场调研两个任务组成。主要阐述网络消费者的购买动机、购买过程及网络市场调研的方法等相关知识，通过对网络消费者购买行为的分析，以及网络市场调研的介绍，结合任务应用与任务拓展，能够开展网络市场调研并引导消费者消费。

思考与练习

1. **不定项选择题**（至少有一个选项是对的）

1）网络市场调研的内容主要有（　　　）。
　　A. 市场需求容量调研　　　　　　B. 可控因素调研
　　C. 不可控制因素调研
2）常用的网上调查问卷设计网站有（　　　）。
　　A. 雅虎　　　　B. 搜狐　　　　C. 腾讯问卷　　　　D. 问卷星
　　E. 网易考拉

3）下列属于网络市场直接调研的方法有（　　　）。
   A．利用搜索引擎收集资料　　　　B．专题讨论法
   C．网上实验法　　　　　　　　　D．在线问卷调查
4）网络消费者的购买过程为（　　　）。
   A．确定需求　　B．收集信息　　C．比较选择　　D．购买决策
   E．购后评价
5）影响购买决策的因素有（　　　）。
   A．产品的特性　　B．产品的价格　　C．安全可靠性　　D．购物便捷性

2．简答题

1）网络市场调研的特点有哪些？
2）网络市场调研的基本方法有哪些？
3）网络消费者的购买过程一般有哪几个阶段？

项目 3

网络营销方案策划

 学习目标

> **知识目标**
>
> 1）熟识网络营销组合策略和网络策划书的分类。
> 2）识记网络营销策划的步骤。
> 3）熟记网络营销策划方案的撰写。
>
> **能力目标**
>
> 1）能够针对企业目标,设计网络营销组合策略。
> 2）能够进行网络营销策划,并撰写网络营销策划书。
>
> **素质目标**
>
> 1）能与团队成员共同协作,制定网络营销策划方案。
> 2）培养网络创新意识。

 案例导读

跑步轨迹换牛排,必胜客遇上小米"以跑示爱"

营销背景:

必胜客推广上市全新单品 STONE PAN 牛排,通过商业电视广告 TVC 与移动端资源整合推广塑造其优质形象。如何通过媒介采购与品牌产品进行更匹配结合,对目标人群进行品牌产品的大范围曝光,是此次推广的一大挑战。

营销策略:

通过必胜客 STONE PAN 牛排与小米手环的跨界"奔跑"合作,以小米系统级优质 App 资源进行曝光展示。借势七夕节日营销热点,设计核心创意——用户戴上小米手环,在小米运动 App 里以原生文字广告的形式吸引用户参与，跑出自己的快乐轨迹，并分享到微博上展示给你的伴侣，就可以赢取相关奖品。创意贴合节日热点，充分吸引了都市年轻情侣的关注，并形成了极大的参与氛围，成功地对必胜客 STONE PAN 牛排的目标人群进行了大范围曝光。一方面调动小米手环高度活动用户的积极性，另一方面也以新奇有趣的形式吸引非小米手环用户的参与，为必胜客 STONE PAN 牛排的主题推广活动实现二次传播提供强大助力。

创意灵感：

"每逢佳节倍营销"，七夕也不例外。在这个属于爱情的节日，"表白"成为用户最关注的话题之一，送花太庸俗，下跪不够创新，怎么表白才有新意？当七夕遇上手环，成就了一场用跑步轨迹表白的特色活动——以跑示爱。

利用小米运动的运动轨迹记录功能，引导用户跑步跑出一个心形轨迹，如图 3-1 所示。

图 3-1　小米运动的运动轨迹宣传

心形跑步轨迹帮助所有热爱运动的人"大开脑洞"，原来跑步的轨迹也可以有所含义，在心形轨迹的带动下，用户逐渐跑出更多趣味性的跑步轨迹，如图 3-2 所示。

图 3-2　趣味性的跑步轨迹

执行过程：

1）小米运动 App 原生文字广告，用户单击跳转活动详情页面，随即可以开始跑步。跑步成功后，可以分享跑步轨迹及相关里程，也可分享水印照片。

2）小米资源——一点资讯与小米视频开屏广告展示，用户单击跳转主活动介绍页面（与上面不同），单击"立即开始"按钮以后，如果没有下载小米运动 App，则会自动跳转下载。

营销效果与市场反馈：

营销活动的具体效果及相关数据，以及来自广告主、业界专家、媒体、受众的反馈与点评。

营销效果数据反馈：

小米广告总展示：64423701。

小米广告总点击：6062187。

微博主话题页阅读：6750万。

微博话题页上传照片：1659张。

微信公众号活动文章阅读：15万+。

活动总曝光超过1.2亿人次。

显然，这次必胜客与小米的品牌跨界合作是一次成功的网络营销策划案例。它打破了传统广告媒介采购以纯粹曝光传播为主的简单粗暴方式，用一种全新的方式，以个人运动信息记录调动个体用户参与品牌传播的积极性，以创意主题内容为呈现，社交媒体为扩散平台，实现对品牌产品目标用户的有效覆盖，充分展现了移动互联网时代营销"无界"的新趋势。

案例思考：

1）这个营销推广为什么会成功？

2）营销策划在整个网络营销中处于什么样的地位？

任务1　网络营销组合策略

相关知识

策划是进行策略思考、布局规划、谋划制胜创意的过程，并形成可执行的方案。换言之，策划就是为了达到特定的目标而构思、设计、规划的过程。网络营销策划可定义为：企业在特定的网络环境和条件下，为了达到事先设定的营销目标，所采取的一系列策略思考和营销计划活动。因此，进行网络营销策划的核心是选择合适的网络营销策略。

1．网络营销组合策略的概念

网络营销组合策略是从事网络营销的企业根据自身所处的市场地位而采取的一系列营销手段的组合，它包括产品策略、品牌策略、价格策略、促销策略、渠道策略。

网络营销组合策略是以互联网为基础，利用数字化的信息和网络媒体的交互性来辅助营销目标实现的一种新型的市场营销方式。简单地说，网络营销组合策略就是以互联网为主要手段进行的，为达到一定营销目的开展的一系列营销活动。

2．网络营销组合策略的内容

网络营销组合策略是企业采取的一系列营销手段的组合，主要包括以下5种策略：

（1）产品策略

产品策略专指产品营销策略，即策划通畅的销售渠道、持续的销售态势及维持产品设计的理想化售价，也就是如何能将产品更好卖出的同时塑造品牌形象。

网络营销产品的整体概念可分为 5 个层次，每个层次有不同的策略：

1）核心产品或服务层次。核心产品或服务层次是指消费者在购买产品时希望从产品或服务中得到的基本效用，即购买者追求的核心利益。因此，企业在设计和开发产品核心利益时要从消费者的角度出发，根据上次营销效果来进行本次产品的开发设计。

2）有形产品层次。有形产品层次是产品在市场上出现时的具体物质形态。对于物质产品来说，必须保证产品的品质、注重产品的品牌、注意产品的包装。在式样和特征方面，要根据不同地区的文化来进行针对性加工。

3）期望产品层次。期望产品层次是指消费者在购买产品前对所购产品的质量、使用方便程度、特点等方面的期望值。在网络营销中，消费者占主导地位，消费呈现出个性化的特征，不同的消费者可能对产品有不一样的要求，因此，产品的设计和开发必须满足消费者个性化的消费需求。

4）延伸产品层次。延伸产品层次是指由产品的生产者或经营者提供的消费者需求，主要是帮助消费者更好地使用核心利益和服务。在网络营销中，对于物质产品来说，企业要在注意保证质量的前提下，提供满意的送货、售后服务等。

5）潜在产品层次。潜在产品层次是在延伸产品层次之外，由企业提供能满足消费者潜在需求的产品层次，主要是产品的一种增值服务，与延伸产品的区别在于消费者没有延伸产品层次依然能很好地使用产品的核心利益和服务。

（2）品牌策略

网络营销的重要任务之一就是在互联网上建立并推广企业的品牌，快速树立品牌形象，并提升企业的整体形象。网络品牌建设是以企业网站建设为基础，通过一系列的推广措施，达到消费者和公众对企业的认知和认可。从某种意义上说，网络品牌的价值甚至高于通过网络获得的直接收益。

品牌策略是指通过对消费者心理的引导、激发，使企业形象和产品品牌在消费者心中形成一种个性化区隔。品牌策略更注重意识形态和心理描述，是消费者对品牌的模糊认识清晰化的过程。例如，零食电商品牌三只松鼠用扑面而来的亲切感瞬间提升消费者对其品牌的辨识度，让坚果消费成为一种时尚，并且成功实现了品牌化，逐渐形成了"买坚果找三只松鼠"的消费潮流。

（3）价格策略

价格策略是指企业通过对消费者需求的估量和成本分析，选择一种能吸引消费者并实现网络营销组合的策略。由于涉及的企业物流成本比较复杂，包括运输、包装、仓储等多方面问题，所以价格策略的确定需要根据实践经验判断，在维护生产者和消费者双方经济利益的前提下，以消费者能够接受的水平为基准，根据市场变化情况，灵活客观地进行决策。

1）差别定价策略。差别定价又称"弹性定价"，是一种"以消费者支付意愿"而制定不同价格的定价法，其目的在于建立基本需求、缓和需求的波动和刺激消费。当一种产品对不同的消费者，或在不同的市场上的定价与它的成本不成比例时，就产生差别定价。要实行差别定价策略，需要进行资料的搜集，建立数据库，将每一个消费者都当成一个独立的个体。根据消费者的需求进行详细的分析，从而定出不同的价格。

例如，民航公司采取收益管理措施，规定"只有在旅行目的地过周末的乘客才可按折扣价购买机票"，将公务旅行者和休假旅行者分开，既为价格灵敏度较高的休假旅行者提供优惠票价，又可防止大多数不愿在旅行目的地过周末、价格灵敏度较低的公务旅行者利用价格折扣。

2）低价定价策略。低价定价策略是一种在网络营销中最耳熟能详的定价策略，其核心是薄利多销和抢占市场。薄利多销的前提是产品的需求量大、生产效率高，如生活快消品类的纸巾、牙膏、洗发水等。而抢占市场适用于一个新产品的发布，为了提高市场的知名度，快速建立消费者对产品的认知，大范围培养潜在忠实用户，新产品的低价定价策略是一个不错的选择。

3）拍卖定价策略。拍卖定价策略是一种较为新颖的定价策略，在电商商务平台使用较多，淘宝或ebay均有单独的拍卖专栏供卖家选择，如图3-3所示。

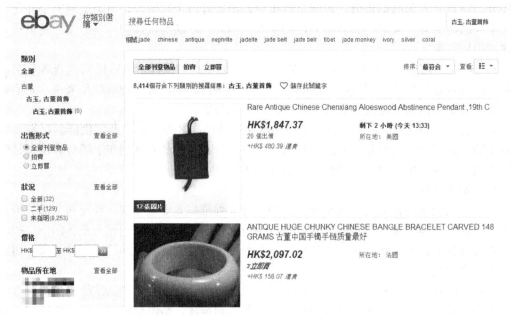

图3-3　ebay拍卖商品截图

拍卖定价策略设置的商品起始价格非常低，甚至为零，但是经过一番消费者的争夺后，其价格便会无限制的上涨，甚至其竞拍的价格会高于货品一般的价格。例如，一些数量稀少、市场需求量大又难以确定价格的货品都可设置拍卖定价策略。

4）捆绑定价策略。捆绑定价策略是共生营销的一种形式，是现代最为普遍的一种定价策略。捆绑定价策略多运用于配套的产品或服务，也可运用于类似的产品销售。例如，产品A和产品B不单独标价，而是按照捆绑后的统一价售出；或者消费者在购买A产品时，可以用优惠的价格购买到B产品。但是捆绑定价策略不可令消费者产生负面的印象，需要令消费者满意。

5）品牌定价策略。在现代产品销售中，定价除了考虑产品的成本和质量外，还需要考虑产品的品牌性，而现代消费者消费也具有品牌针对性。当消费者认准一个品牌后，未来的消费都会倾向于该品牌。品牌的知名度建立在不断地推广维护上，如果产品具有良好的品牌形象，具有较高知名度，那么产品将会产生较大的品牌增值效应，因此产品可以采取"优质高价"策略，这样既增加了企业盈利，也满足了消费者的消费心理。

6）尾数定价策略。尾数定价又称奇数定价或零头定价，是利用消费者在数字认识上的某种心理制定尾数价格，使消费者产生商品价格低廉、商家定价认真及售价接近成本等信任感。目前，这种定价方法被线上和线下的商家普遍运用，如图3-4所示。

项目3　网络营销方案策划

图 3-4　电商平台尾数定价截图

在使用尾数定价法时，要注意价格尾数应当使用吉利数字（如 6、8、9），而不应当采用"1、4、7"等不好听或不好看的尾数。这样更可给消费者一个标价真实的感受。例如，标价 1999 元绝对要比标价 2000 元的产品更易出售。因为消费者不相信产品的成本与合理利润之和正好等于 2000 元；而 1999 元却能让消费者产生如下想法：这家商店的标价还挺真实，不然为什么不写 2000 元，还减 1 元呢。

（4）促销策略

网络促销策略是利用互联网来进行的促销活动，也就是利用现代化的网络技术向虚拟市场传递有关的服务信息，以引发需求，引起消费者购买欲望和购买行为的各种活动。网络营销中的促销关键在于网络宣传广告的设计要能发掘自己产品的潜在客户，拓宽产品的销售层面。网络促销形式有四种，分别是网络广告、站点推广、销售促进和关系营销。

网络广告主要是借助网上知名站点（互联网服务提供商 ISP 或互联网内容提供商 ICP）、免费电子邮件和一些免费公开的交互站点（如新闻组、公告栏）发布企业的产品信息，对企业和产品进行宣传推广，如图 3-5 所示。

图 3-5　免费邮箱网站的网络广告

站点推广是利用网络营销策略扩大站点的知名度，吸引上网者访问网站，起到宣传和推广企业及企业产品的效果。站点推广主要有两大类方法：一种是通过改进网站内容和服务从而吸引消费者访问，起到网站推广的作用；另一种是在适当的站点上购买广告栏发布网络广告。

销售促进就是企业利用可以直接销售的网络营销站点，采用一些销售促进方法，如价格折扣、有奖销售、拍卖销售等方式，宣传和推广产品。大部分网络营销方法都直接或间接促进销售，但促进销售并不只限于促进线上销售，事实上，网络营销在很多情况下对于线下销售的促进也十分有价值。

关系营销是借助互联网的交互功能吸引顾客与企业保持密切关系，培养顾客的忠诚度，提高企业收益率。实施关系营销并不以损伤企业利益为代价，研究表明，争取一个新顾客的营销费用是维护一个老顾客费用的五倍，因此增强与顾客之间的关系并建立顾客的忠诚度，是可以为企业带来长远利益的，它提倡的是企业与顾客双赢策略。

（5）渠道策略

随着营销环境的变化，网络给企业提供了一种全新的销售渠道，它突破了传统营销渠道的地域限制，把企业和消费者连在一起。网络营销渠道不仅是传统营销渠道的补充，而且是传统营销渠道的延伸。这种渠道不仅简化了传统营销中的多种渠道的层级构成，而且集售前、售中、售后服务为一体，因此具有很大的优势。

对于从事网络营销的企业来说，熟悉网络营销渠道策略，不仅有利于企业的产品顺利完成从生产领域到消费领域的转移，促进产品销售，而且有利于企业获得整体网络营销的成功。

网络营销渠道就是借助互联网将产品从生产者转移到消费者，从而辅助企业的营销目标实现的一整套相互依存的中间环节。它一方面为消费者提供产品信息，供消费者选择；另一方面，在消费者选择产品后，能完成交易手续。

网络营销的渠道应本着让消费者方便的原则设置。一个完善的网络销售渠道应具有三大功能：订货功能、结算功能和配送功能。

（6）顾客服务策略

网络经济时代，顾客需要个性化的服务。网络为顾客提供了全天候、即时、互动等全新概念，迎合了现代顾客的需求特征。为进一步促进企业与顾客之间的交流，提高企业的服务水平，可通过网络开展多种形式的即时交流，如在线咨询和解答系统、QQ、微信、在线服务等。

网络营销企业根据顾客与企业发生关系的阶段，可以分为销售前、销售中和销售后三个阶段。网络营销产品服务相应也划分为网上售前服务、网上售中服务和网上售后服务。提高和改善服务，将顾客的注意力转化为忠诚度，树立品牌意识，最终达到营销目的。

1）网上售前服务。网上售前服务作为营销和销售之间的纽带，其作用至关重要。营销人员应当尽量提高自身素质，仔细落实核心问题，以免在交易过程中出现不必要的麻烦。企业可以直接接收顾客的订单，顾客可以直接提出自己的个性化需求。企业根据顾客的个性化需求利用柔性化的生产技术最大限度地满足顾客的需求，为顾客在消费产品和服务过程中创造更多的价值。

2）网上售中服务。网上售中服务是指在产品销售过程中为顾客提供的服务。网络营销企业可以更好地为顾客提供服务，并与顾客保持联系。互联网不受时间和空间限制的特性可以最大限度地方便顾客与企业进行沟通，顾客可以借助互联网在最短时间内以简便的方式获得企业的服务。营销人员需要热情地为顾客介绍、展示产品，详细说明产品的使用方法，耐心地帮助顾客挑选商品，解答顾客提出的问题等。

3）网上售后服务。网上售后服务过程中，企业对客户的问题要抱有良好的心态，要善于站在客户的角度思考问题，认真倾听客户的意见和要求，诚恳地为客户解决问题。

同时，网络营销企业应该从产品质量、服务质量到交易服务等整个过程进行全程质量控制，以确保营销效果最大化。

任务应用

网络营销推广策划的步骤

选择合理的网络营销组合策略，仅是网络营销的基础，如何有效运用，更有效地实现网络营销组合策略的效果，则需要周密的网络营销策划。网络营销策划就是为了实现企业的网络营销目标而进行的策略思考和方案规划过程。本书中专指网络营销推广策划。

简单地说，网络营销策划就是通过一系列的相关性计划的制订、执行，最后达到想要的营销效果的过程，具体步骤如下：

1. 明确目标

在策划要求提出后，策划者首先要明白策划为谁做，为什么策划，策划对象是什么，策划最终要达到何种效果等问题。只有将这些问题全部解决，策划活动才能有效、有意义。

2. 环境分析

在正式开始策划前，策划者需要弄清楚策划的需求、企业的现状、市场环境及营销对象等。也就是说，策划之初需要对企业的宏观、微观环境进行详细分析。

策划者掌握企业的宏观、微观环境因素后，需要对这些因素进行详细分析、比较。作为一种战略策划工具，SWOT 分析法（见表 3-1）实际上是对企业内外部条件各方面内容进行综合和概括，进而分析组织的优劣势、面临的机会和威胁的一种方法。

表 3-1 SWOT 分析模型

内部分析 外部分析	优势 Strengths 列出优势	劣势 Weakness 列出劣势
机会 Opportunities 列出机会	SO 战略 发挥优势 利用机会	WO 战略 克服劣势 利用机会
威胁 Threats 列出威胁	ST 战略 利用优势 规避威胁	WT 战略 减少劣势 规避威胁

通过 SWOT 分析，有助于策划者客观地审时度势，正确评估企业完成其基本任务的可能性和现实性，正确地设置切实可行的网络营销目标，使策划活动有一个具体的方向。

3. 选择网络营销组合策略

选择网络营销组合策略是网络营销策划中的核心部分，主要包括 4P 策略——网络产品策略的设计、网络价格策略的设计、网络渠道的设计、网络促销策略的设计。网络营销策过程中，运用多种营销策划组合，来提高营销策划的效率，提高营销策划的经济效益。

4．控制措施

网络营销策划具有延时性，策划需要经历一段时间的运转后才能产生计划所预测的效果，往往需要通过"二次传播""多次传播"从而达到预计的目标。为了预防在这段时间内出现障碍或其他特殊情况，影响策划活动的执行，必须事先制订完备的应急措施和方案，防患未然。

任务拓展

制定家乡特产网络营销策略

1．任务目的

提高对网络营销组合策略的认知，能够进行网络营销策划设计。

2．操作步骤

1）策划家乡特产的网络营销设计方案。以家乡特产为网络营销目标，分析营销目标客户，进行网络营销策划。

2）企业网络营销现状分析（网络营销 SWOT 分析）。

3）有效的网络推广策略分析及执行方案。

3．实施结果

制定合理的家乡特产策略组合，将策划结果形成报告。

任务2　撰写网络营销策划书

相关知识

网络营销方案的制订是网络营销策划的灵魂，是企业根据当前实际状况和发展趋势制订的未来某一时段网络营销战略战术的策划方案，用以指导企业未来网络营销工作。由此可见，网络营销方案的制订是企业应对市场竞争的对策和决定，它的重要性不言而喻。作为网络营销策划的最终成果，网络营销方案也是整个策划活动的书面记录。其主体包括网络营销策划目的确定、网络营销策划环境分析、网络营销策划目标体系建立、网络营销策略选择、网络营销策划具体方案、方案调整、预期收益和风险评估等。网络营销策划方案的类型有：

1．网络营销策划书

网络营销策划书是为企业尚未推出的产品、服务、品牌或网站等实现一定的市场目标而做出的全盘网络营销计划。在项目启动之前，制作一份完整的网络营销策划书是非常有必要的。

2. 网络营销诊断书

企业的网络营销运营活动会不可避免地出现各种问题，有了问题需要找出原因，才能有针对性地提出改进措施和方法。这些就是网络营销诊断书需要解决的问题。网络营销诊断书通过分析企业现有的网络营销运营状况，发现运营者存在的问题，然后运用科学的方法，有针对性地进行分析，找出产生问题的原因，提出可行的改进方案，从而以最小的代价实现营销效益的最大化。

任务应用

1. 网络营销策划书的撰写

网络营销策划的结果是策划方案，具体体现为详尽、周全的计划书。完备的网络营销策划书能使营销策划团队和营销组织迅速理解策划的基本内容和要求。一份完备的网络营销策划书应撰写以下几个部分：

（1）策划书封面

策划书的封面通常包含策划呈报对象、文件类型、网络营销策划名称及副标题、策划者姓名及简介、承包日期、编号及总页数等信息。

（2）撰写前言及策划摘要

策划书前言是正文之前方便读者快速了解正文内容及价值的部分，前言中一般会描述正文的核心问题，体现策划的目的、目标及策划的价值，是对正文内容的总结；摘要阐明策划书的重点及核心构思、创新之处。这两部分都是方便读者快速了解策划书的内容，清楚策划的核心问题和策划价值所在。

（3）撰写目录

策划书一般都包含目录，通过目录将策划书的主题内容进行简单介绍，同时也使整个策划书有清晰的脉络。

（4）策划方案正文

策划方案正文是整个策划书的中心，也是内容最为复杂和详细的部分，同时还是整个策划方案的书面描述。它通过文字、数据、图形、统计表格等方式将策划者的意图表达出来。一般包括：

1）策划需求企业的环境分析，包括企业宏观环境分析、企业营销环境分析、企业目标市场分析、企业定位分析，以及 SWOT 分析法中需要分析的企业优势与劣势、企业机会与威胁等要素。

2）策划目标体系的制定。策划是一系列活动的集合，每项活动、每个环节都对应一个具体的细分目标。在策划书中应体现每项工作、每个步骤要求达到的目标。

3）选择网络营销策略。针对每项工作、每个环节的目标，提出对应的网络营销策略或策略组合。

4）预算评估。营销策划是需要一定资金支持的，营销策划方案预算是就策划活动所需花销进行预估，包括总体投入、阶段费用、单个项目费用等开销，从而达到控制资金支出，实现以最少费用获得最优效益的目标。

5）制订可调整方案。市场的剧烈变化使方案可能出现与变化不符的情况，所以策划者必须事先就可能出现的变故进行预估，并且准备相应的备用方案，实现"权变管理"的灵活性控制。

6）预估收益与风险防范。策划书正文中必须说明策划方案能带来的效益，以及这些效益有多大的价值。另外，内外部环境不断变化，不可避免地出现预先方案不能顺利实施或被阻碍的情况，因此，策划者需要做好备用方案或提供规避这些障碍的方法，甚至做好失败后的补救工作。

（5）参考资料

策划方案过程中需要的主要参考资料要在策划书中列出，以增强可信度。

2. 网络营销诊断书的撰写

网络营销诊断是以网络营销经营过程为研究对象，具体分析企业网络经营过程中出现的问题，并提出有针对性的改进措施和方法的过程。因此，网络营销诊断书的撰写应该包含以下步骤：

（1）分析企业网络营销现状与查找问题

首先要确定导致企业经营状况出现问题的原因。例如，诊断企业的电子商务平台运营，可以从用户体验项目检测、营销功能项目检测、日常服务项目检测、网站推广项目分析、网站运营项目检测等几个方面入手。

其次要介绍诊断"病情"的调查方法。网络营销诊断书的编写要以调查为基础，只有运用科学的调查方法，调查结论才具有说服力，如网站访问时的监测工具等。

最后要明确诊断工作的目标。针对在大量调查基础上发现的企业运营问题所在，该诊断书要能将"病情"医治到何种程度阐述清楚。

（2）分析问题产生的原因

明确了病情，还要分析病因所在，以便对症下药。一般来说，对病因的解释需要做以下两方面工作：

1）收集资料。诊断内容不同，收集的资料也不尽相同。

2）分析资料。要想准确查找导致企业存在问题的原因，需要对收集到的材料进行整理和分析。如果材料很多，为避免诊断书的文案过于烦冗，可以用表格或图表的形式加以归档整理。

（3）完善措施

诊断书中最后的对策方法部分是网络营销诊断书的核心部分，可体现一份成功的诊断书的价值所在。发现问题是切入点，分析问题是基础，而解决问题才是关键。

任务拓展

撰写家乡特产网络营销策划书

1. 任务目的

掌握网络营销策划书的撰写格式、技巧。

2. 操作步骤

1）在上一任务拓展中已制定的家乡特产的网络营销组合策略基础上，对整个营销策划进行再次梳理。

2）撰写一份针对家乡特产的网络营销策划书。

3. 实施结果

完成家乡特产策划书的撰写，并进行方案总结。

项目小结

本项目由网络营销组合策略和撰写网络营销策划书两个任务组成。主要介绍了网络营销组合策略的相关知识，通过对网络策划方案的设计，结合任务应用与任务拓展，能够针对企业目标，尝试进行网络营销策划，为企业开展网络营销活动提供重要依据。

思考与练习

1. **不定项选择题**（至少有一个选项是对的）

1）网络营销中产品的层次有（　　　　）。

　　A．核心产品层次　　　　　　　　B．形式产品层次

　　C．期望产品层次　　　　　　　　D．延伸产品层次

　　E．潜在产品层次

2）网络促销形式有（　　　）。

　　A．网络广告　　　B．站点推广　　　C．销售促进　　　D．关系营销

3）网络广告可以通过（　　　）平台，进行产品的宣传推广。

　　A．网上知名站点　　　　　　　　B．新闻组

　　C．免费电子邮件　　　　　　　　D．公告栏

4）SWOT 分析法分析的是（　　　　）。

　　A．企业优势　　　　　　　　　　B．企业机会

　　C．企业劣势　　　　　　　　　　D．企业威胁

5）一份完整的网络营销策划书包括（　　　　）。

　　A．封面　　　　B．开头　　　　C．正文　　　　D．参考资料

2. **简答题**

1）网络营销定价策略有哪些？

2）顾客服务策略中的售前服务、售中服务、售后服务分别是什么？

3）网络营销推广策划的步骤是什么？

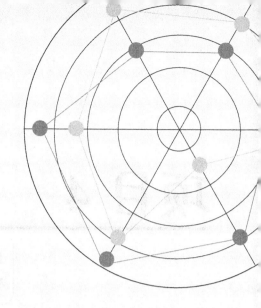

第 3 部分

网络营销的推广

网络营销推广建立在对市场调研及营销策划的基础上,这部分是本书的重点内容。

项目 4

社会化媒体营销

学习目标

知识目标

1）熟识社会化媒体营销的概念。
2）熟知微信营销、微博营销、问答营销、百科营销和论坛营销的概念。
3）掌握社会化媒体营销不同推广手段的过程。

能力目标

1）能够策划社会化媒体营销。
2）会针对企业营销目标选择合适的推广手段进行宣传。
3）能选择有效的平台进行推广。

素质目标

1）能与团队成员协作开展社会化媒体营销的策划与推广。
2）培养创新精神。

案例导读

微博中的明星话题营销

克莱·舍基（Clay Shirky）曾在《未来是湿的》中阐述受众规模与交谈模式之间的关系。克莱·舍基认为一个博客博主的受众越多，则他与受众的互动越少。

这个结论换到微博时代同样成立。"火华社社长"刘烨"抢沙发"事件是明星在无意中成功营销的事件，刘烨因抢了几个普通网友的"沙发"而使更多的网友受到鼓舞纷纷求刘烨"抢沙发"，同时还引发了众多其他明星纷纷效仿，使明星"抢沙发"成了一场全民微博狂欢。

刘烨与网友的互动造成如此大的影响，其实答案很简单，明星本来就有为数众多的"粉丝"，只是他们很少跟"粉丝"互动，因此总给人一种拒人千里之外的感觉。而一旦明星与"粉丝"的互动率增加,"粉丝"就会发现:自己与明星的距离并不是那么远,还能够与明星对话、互动。受到鼓舞的"粉丝"便会一拥而上,纷纷@明星,积极与之互动。

社会化媒体最重要的属性之一便是互动,刘烨的微博之所以产生如此大的影响力,正是因为与网友的互动。他用行动表明自己并不是冷冰冰的机器,而是有血、有肉、有感情的人,可以与"粉丝"交流的人。刘烨"抢沙发"的火爆其实是明星微博由"广播模式"努力向"密切的交谈"转变的必然结果。

2013年,除了明星刘烨在微博上"抢沙发"引爆网络以外,另一位引来全民狂欢的是歌手汪峰,他因每次宣布重大事件后都在同一天内被更重大的事件淹没而得到了网友的同情与调侃。在汪峰发布新歌的那天,网友们积极奔走,共同努力将汪峰推上了头条,与此有关的话题在微博上的讨论量不断增加,同时汪峰的知名度也跟着飙升不少,而在这次事件中,汪峰虽未亲自参与,但却成了最大的获益者。

刘烨、汪峰这些"粉丝"众多的明星在微博上的爆发并非偶然。在社会化媒体时代,不止明星,而且越来越多的企业、商家也意识到了社会化媒体营销的价值,不断发掘社会化媒体的营销力量。随着"互联网+"时代的到来,社会化媒体将会越发凸显其独特的魅力。

案例思考:
1)什么是社会化营销?它的优势在哪里?
2)你见过哪些社会化营销?都是什么形式的?
3)你在哪些平台见过社会化营销?

任务1 微信营销

相关知识

微信是移动互联网时代下的新兴社交媒体平台,全球拥有超过9亿的超大用户群,并且用户数依然呈现快速上升的趋势,在大数据和云计算技术日渐成熟的今天,微信必将焕发出巨大的数据活力,微信的营销价值也将水涨船高。

微信营销是网络经济时代企业或个人营销模式的一种,是伴随着微信的火热而兴起的一种网络营销方式。微信不存在距离的限制,用户注册微信后,可与周围同样注册的"朋友"形成一种联系,订阅自己所需的信息,商家通过提供用户需要的信息,推广自己的产品,从而实现点对点的营销。微信营销的性质其实就是"粉丝"营销,当"粉丝"对个人或企业品牌认可时,自然就会成为企业的顾客。

中国微信公众号刷量市场规模在过去三年里,始终保持着调整的增长态势,截至2018年3月,微信月活跃用户量已突破10亿,微信公众号平台数量超过2000万,图文消息PV超过30亿。目前,微信公众号广告支持底部广告、视频贴片广告和互选广告三个广告资源的投放,拥有强大的数据能力,贯穿于广告投放前、推广时和收官后,如图4-1所示(数据

来源：腾讯数据）。

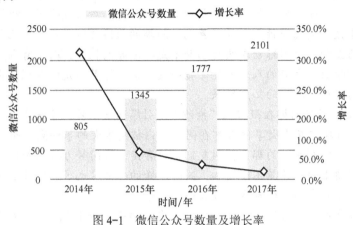

图 4-1　微信公众号数量及增长率

1. 微信营销的认知

（1）发展现状

1）微信营销的现状。我国是接触电子商务比较晚的国家，但近些年呈现突飞猛进的发展之势，微信营销的优势也日渐显现。随着我国民众对网络的逐渐认知及消费群体的增长，使用微信的人群数也越来越多，微信营销也随之壮大。与传统的营销方式相比，微信营销集技术、智慧与服务于一身，更加快捷、方便、高效，有着许多传统营销方式无可比拟的优势。

2）微信营销存在的问题。在微信群体不断扩大的同时，许多商家抓住了其中的商机，选择微信营销作为一个全新的营销方式并得到了迅速的发展。但也存在一定的问题：第一，微信平台的营销渠道比较单一。一般情况下，用户只是单方面地接受公众平台发送的信息，而得到的回复基本上都是内容格式化的系统自动回复，缺乏互动性和及时性，导致微信用户的活跃度较低。第二，营销环境不够完善。微信营销是通过微信环境而运行的，因此面临着新的营销问题。例如，产品质量问题、售后问题、用户隐私保护问题及信息安全问题等。同时互联网发展迅猛，导致现代社会中的法律环境、政策环境、社会环境及技术环境的滞后与不完善，从而导致微信营销存在重重阻碍。第三，信息量大、效率低。商家每天通过微信平台向用户推送大量信息，进而推广自己的产品和服务。由于信息量增加，造成信息泛滥的情况是不可避免的。另外，频繁在朋友圈"刷屏"和群发公众号信息，容易使用户产生广告疲劳，没有形成有效阅读，营销信息起不到应有的作用。第四，品牌推广类营销需求得不到实现。品牌的推广是营销的第一层级，目前的微信公众号不具有分类和排行功能，需要用户自己去搜索和查找，这就导致在互动推广上存在一定的弊端，从而达不到让品牌商和消费者双赢的标准。

（2）主要应用平台

目前，微信营销离不开微信公众平台的支持。

2011年1月26日，腾讯公司推出了一个为智能手机提供即时通信服务的免费应用程序——微信（WeChat）。微信支持跨通信运营商、跨操作系统平台，通过网络快速发送视频、图片和文字，同时也可以使用通过共享流媒体内容的资料和基于位置的社交插件"摇一摇""漂流瓶""朋友圈""公众平台""语音记事本""群发助手""微博阅读""游戏中心"等服务插件。

2017年4月，腾讯旗下的企鹅智酷公布了最新的《2017微信用户&生态研究报告》。这份报告数据显示，截至2016年12月，微信全球共计8.89亿活跃用户，而新兴的公众号平台拥有 1000 万个。微信这一年来直接带动了信息消费 1742.5 亿元，相当于 2016 年中国信息消费总规模的 4.54%。

微信的界面操作十分简单，语音推送、朋友圈共享、一键转发、评论点赞、位置共享、实时对讲机等诸多实用功能都能够轻松掌握。虽然朋友圈对字数内容没有限制，但往往大家也不会长篇大论，而且朋友圈内都是熟人，是一个较为小众私密的圈子，能分享生活中的各种事物，让大家互相分享自己的感受，俨然已成为人们晒心情、晒活动的社交圈。

而微信公众号也倍加受宠，商家通过微信公众平台，结合转化率微信会员管理系统展示商家微官网、微会员、微推送、微支付、微活动等，已经形成了一种主流的线上线下微信互动营销方式。

微信正在形成一个全新的"智慧型"生活方式，已经渗透很多传统行业，如微信打车、微信交电费、微信购物、微信医疗、微信酒店等，为医疗、酒店、零售、百货、餐饮、票务、快递、高校、电商、民生等数十个行业提供标准解决方案。

因此，微信作为时下最热门的社交信息平台，正在演变成为一大商业交易平台，给营销行业带来了颠覆性的变化。

（3）特点

1）实时推送。微信营销相比其他营销方式而言，具有很强的实时性。企业在一些营销平台上发布宣传信息是被动的，用户不是实时在线的，用户很可能因为不能及时地浏览页面而失去了第一时间获取信息的机会，而那些过时的信息也将被淹没在茫茫的信息海洋中。微信可以实时在线，通过微信推送的消息到达手机后，用户会第一时间得到手机的提醒，这就保证了信息的时效性。

2）开放平台。目前大多数网站和第三方应用平台中的分享功能都添加了微信这一功能，如果商家想通过朋友圈营销，则可以直接将商品或服务内容分享到朋友圈，一定会带来意想不到的流量转换。

3）形式多样。微信营销可以图文并茂，也可以插入语音、视频、音乐，这样的形式在营销推广的过程中显然会起到吸引顾客关注度的作用。漂流瓶、签名栏、官方账号、公共平台、小程序等，微信丰富的社交功能为企业的营销提供了灵活多变的营销渠道，商家可以根据自己企业的特点和财力情况选择适合的营销方式。

4）用户主导。微信上的营销是基于用户许可的。除非主动通过扫描二维码或输入账号的方式添加官方微信，否则绝不可能收到来自这个品牌的微信消息。因此，"粉丝"的质量远高于微博，只要发送频次不太高，发送的内容得当，较有可能获得忠诚顾客。

5）成本低廉。微信用户都知道，不管是注册微信账号还是获得腾讯官方认证都是免费的，这对于自营微信的个人来说意味着微信营销这条渠道的成本很低。而对于大型品牌来说，进行微信营销的投入也无非是雇佣维护人员的工资。

2. 微信营销策划

随着网络社交平台的爆发式增长，微信成了人们获取信息的重要平台，也成了企业营销宣传的必备工具。微信营销形成了一股势不可挡的风潮，众多商家无一不把目光瞄准这个快速发展的新应用。

（1）微信公众平台

微信公众平台简称公众号，是腾讯在微信的基础上新增的功能模块，个人和企业都可以在这一平台申请公众号,用来实现和特定群体的文字、图片、语音的全方位沟通、互动。目前大多数企业都是通过打造微信公众号来推广自己的产品和服务,从而达到品牌推广的作用。

微信公众平台有3种账号:订阅号、服务号、企业号。

1)订阅号。订阅号的作用就是媒体社交,为媒体和个人提供一种新的信息传播方式,构建与用户之间更好的沟通与管理模式,也就是为用户提供优质的对他们感兴趣或有价值的内容,从而与关注者建立关系或使用户对自身品牌认可。

适用:个人、媒体、企业、政府或其他组织。

功能:群发、微信认证、普通接口、广告主、流量主。

2)服务号。服务号是给企业和组织提供更强大的业务服务与用户管理能力,帮助企业快速实现全新的公众号服务平台。当微信有了朋友圈可以卖商品,订阅号可以做营销,那么当出现人与商业之间的联系需求时,服务号便诞生了,它不仅要做一个服务者还要做一个领导者。

适用:媒体、企业、政府或其他组织。

功能:群发消息、微信认证、高级接口、广告主、流量主、多客服、自定义菜单、微信支付、微信小店。

3)企业号。企业号是面向企业、政府、事业单位和非政府组织,实现生产管理、协作运营移动化的平台。

适用:企业、政府或其他组织。

功能:账号完成企业认证后可以将所有企业员工微信导入、微信打卡、微信报销、微信会议等企业功能都可以在微信上完成。一个企业号可配置多个类似服务号的应用,发送信息条数无限制。

三者的区别见表4-1。

表4-1 订阅号、服务号、企业号的区别

项 目	订 阅 号	服 务 号	企 业 号
面向人群	面向媒体、个人企业、政府或其他组织,提供一种信息传播方式	面向媒体、企业、政府或其他组织,用以对用户进行服务	面向企业、政府、事业单位和非政府组织,实现生产管理、协作运营的移动化
消息显示方式	折叠在订阅号目录中	出现在好友会话列表首层	出现在好友会话列表首层
消息次数限制	每天群发1条	每月主动发送消息不超过4条	最高每分钟可群发200次
验证关注者身份	任何微信用户扫码即可关注	任何微信用户扫码即可关注	通讯录成员可关注
消息保密	消息可转发、分享	消息可转发、分享	消息可转发、分享,支持保密消息,防成员转发
高级接口权限	不支持	支持	支持
定制应用	不支持,新增订阅号需要重新关注	不支持,新增服务号需要重新关注	可根据需要定制应用,多个应用聚合成一个企业号

2017年1月9日,微信小程序正式上线,简称小程序,缩写XCX,是一种不需要下载安装即可使用的应用,它实现了应用"触手可及"的梦想,用户扫一扫或搜一下即可打开应用。

全面开放申请后,主体类型为企业、政府、媒体、其他组织或个人的开发者,均可申请注册小程序。小程序、订阅号、服务号、企业号是并行的体系。

(2)微信营销的模式

移动互联网的迅猛发展导致微信营销的模式也方兴未艾,以下举几个常用的模式。

1）推送模式。微信可以向用户强制推送各种形式的广告，文字、图片、视频、链接、图文结合等，无论是何种形式的推广，到达率都是100%。这充分实现了微信的广告价值，让"订阅"真正有价值。

2）订阅模式。用户对订阅号的关注情况不外乎三种：第一种，喜欢订阅号所发送的内容，看完后分享朋友圈；第二种，喜欢内容，复制到其他平台，如QQ空间、贴吧、微博等；第三种，用户不喜欢，关闭。由此可见，微信上的"订阅"，目的就是使用户能够在这里获得更专业、全面的信息资讯和观点，以满足高质、高效、有针对性的客户咨询需求。

3）二维码。马化腾曾公开表示腾讯"正在大力推广二维码的普及，这是线上与线下的一个关键的入口"。本质上，二维码的内容指向一个地址。因此，二维码营销的最基础应用就是引导用户进入商家的手机网站，直接看到商家希望消费者看到的内容。从这点出发，商家必须在制作、展示、用户扫描和查看的每一个环节，充分考虑用户的习惯和心理。

二维码应用具有三大优势：整合营销，即二维码结合传统媒体无限延伸广告内容及时效，消费者便捷入网，手机实时查看信息；即时互动，企业发布调查、投票、会员注册，个人可参与调查、信息评论、活动报名、手机投票、参与调查；立体传播，二维码是移动互联网最便捷的入口，消费者时刻进行线上和线下的信息传播，这已成为社会化媒体传播的便捷工具。

4）自动回复。企业微信的自动回复是企业专属的才艺展示区，其目的是能够吸引众多"粉丝"。微信公众平台关键字自动回复的规则，主要是需要企业根据用户所发的信息关键字自动回复的。现在，企业可以直接下载相关软件进行设置就可以智能答复问题了。

由于自动回复在每个用户添加关注时都可以看到，并且只有这一次与用户互动的机会，一定要把握好这一次的互动机会。下面来看几个微信公众号被添加后自动回复的案例，如图4-2和图4-3所示。

图 4-2　豆瓣公众号自动回复　　　　图 4-3　知乎日报公众号自动回复

由案例可以看出，豆瓣的微信公众号迫切想知道用户的来源，还增加了一个有奖回复，并且做了两件事：告诉用户，我能做什么；用户能不能下载一个我的App？

知乎日报的自动回复特点；文案更具趣味性，不生硬；提示回复关键词；推荐App下载。

5）语音信息模式。语音信息是微信的一个强大的信息功能，很适合用来做互动，就如电台模式，亲切直接，一问多答。另外，对于电台媒体来说，微信的语音功能是一个绝好的平台。

6）品牌活动模式。微信的品牌活动模式体现在漂流瓶功能。漂流瓶有两个最易理解的功能："扔一个"和"捡一个"。

微信官方可以对漂流瓶的参数进行更改，使得合作商家推广的活动在某一时间段内抛出的"漂流瓶"数量大增，普通用户"捞"到的概率也会增加。加上"漂流瓶"模式本身可以发送不同的文字内容甚至语音小游戏等，如果营销得当，也能产生不错的营销效果。而这种语音的模式，也让用户觉得更加真实。但如果只是纯粹的广告语，是会引起用户反感的。

当然，随着微信功能的强大，微信营销的模式也举不胜举。因此，没有最好的营销方法，只有适合的方法。

任务应用

注册微信公众号

个人公众号是打造自媒体的一个非常好的工具。

第一步，打开网站"http://weixin.qq.com/"，单击标题栏上"公众平台"。

第二步，根据自己的需求选择注册的账号类型，如图4-4所示。

图4-4 选择账号类型

第三步，填写注册信息，如图4-5所示。

第四步，激活公众号。去注册邮箱，并按指示单击链接即可在邮箱中激活公众号。

第五步，选择公众号的类型，目前个人的公众号只能选择"订阅号"。

项目4　社会化媒体营销

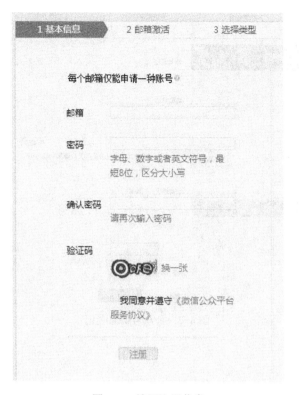

图 4-5　填写注册信息

第六步，填写个人的准确信息，用绑定银行卡的微信"扫一扫"二维码进行验证。
第七步，确定信息，如图 4-6 所示。
第八步，公众号信息登记，如图 4-7 所示。
完成后，你就拥有了自己的公众号。

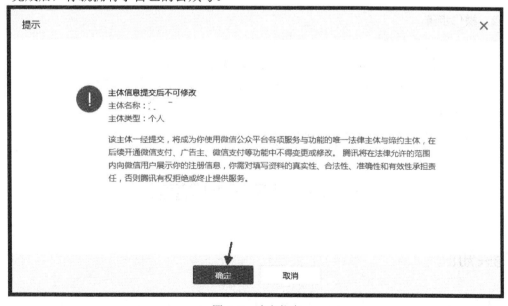

图 4-6　确定信息

图 4-7 公众号信息登记

任务拓展

宣传推广家乡特产

1. 任务目的

熟悉用微信公众号进行宣传的过程。

2. 操作步骤

1）注册微信公众号。
2）对家乡特产的图文资料进行整理,包括图片处理、软文撰写等。
3）特产宣传、推广。在订阅号管理员后台进行宣传设计并发表（群发功能）。

3. 实施结果

完成利用公众号进行家乡特产宣传、推广的任务。

任务 2　博客和微博营销

相关知识

微博（Weibo）即微型博客的简称,作为博客的一种,是一种通过关注机制分享简短实时信息的广播式的社交网络平台。

微博是一个基于用户关系信息分享、传播及获取的平台。用户可以通过 Web、WAP 等各种客户端组建个人社区,以 140 字(包括标点符号)的文字更新信息,并实现即时分享。2017 年 2 月,微博已经取消了发布器 140 字的限制。尽管在发布器中取消了 140 字的限制,文字发布后在信息流中依然只显示 140 字,不过在句末加了一个"显示全文"的提示,点击后会出现超长微博全文。微博的关注机制分为可单向、可双向两种。

新浪微博发布 2017 年第一季度财报,截至 2017 年 3 月 31 日,微博月活跃用户达 3.4 亿,已超过 Twitter(推特)成为全球用户规模最大的独立社交媒体公司。早在 2016 年,微博就实现了市值反超 Twitter,同时也创造了有史以来第一次国内互联网公司的市值反超美国互联网公司的案例。

微博包括新浪微博、腾讯微博、网易微博、搜狐微博等,如若没有特别说明,本任务提出的微博就是指新浪微博。

1. 微博、博客营销的认知

(1)微博、博客营销

1)微博营销。微博营销是指通过微博平台为商家、个人等创造价值而执行的一种营销方式,也是指商家或个人通过微博平台发现并满足用户的各类需求的商业行为方式。微博营销以微博作为营销平台,每一个听众("粉丝")都是潜在的营销对象,企业通过更新自己的微博向网友传播企业信息、产品信息,树立良好的企业形象和产品形象。本任务重点介绍微博营销。

2)博客营销。博客营销是指利用博客这种网络应用形式开展网络营销。公司、企业或个人利用博客这种网络交互性平台,发布并更新企业、公司或个人的相关概况及信息,密切关注并及时回复平台上客户对于企业或个人的相关疑问及咨询,并通过较强的博客平台帮助企业或公司零成本获得搜索引擎的较前排位,以达到宣传目的。

3)微博营销与博客营销的区别。两者虽都属营销的范畴,但是在表现形式、信息传播模式和运营模式上都存在显著差别。两者的区别见表 4-2。

表 4-2 微博营销与博客营销的区别

项 目	微博营销	博客营销
表现形式	内容短小精练,主要记录身边发生的有趣的或有价值的事情,而不是系统的、严谨的企业新闻或产品介绍	注重博客文章的内容价值,将个人观点以文章的形式进行阐述,每篇博文表现为一个独立的网页,因此对内容的数量和质量有一定的要求
传播模式	注重事件的时效性,超过两天的信息基本就无人再进行关注了。微博的传播渠道除了相互关注的好友直接浏览之外,还可以通过好友的转发获得更多的传播,因此微博是一个快速传播简短信息的方式	博客的时效性不高,主要通过自建博客或与第三方平台开设博客。需要用户直接进入网站或 RSS 订阅浏览,或者通过搜索引擎搜索获得持续浏览
运营模式	建立在第三方微博平台上,信息发布者不仅需要持续发布信息,还要有更多的互动交流,积累用户关系,体现运营人员的能力和态度,建立统一的管理规范	作为官方网站的组成部分,积累的是网站内容资源,注重长期效果,博客营销主要以信息为核心,体现信息本身的价值,管理上易于规范化管理

(2)微博营销的发展现状

目前,我国大多数企业在微博营销上没有较多赢利模式的应用,只是依靠单纯地发布品牌和活动信息来吸引微博上的潜在消费者，但是通过微博营销，可以帮助企业迅速接触到消费者心理、了解消费者对产品的感受，获取市场动态。因此，一些商业媒体、公司、机构第一时间注册了微博，并拥有了一大批"粉丝"，为其以后的微博营销奠定基础。

相比传统媒体营销而言，微博营销已呈现出自身的营销优势，其简单的操作与快捷的传播、即时的沟通与强大的交互性、低廉的成本与广泛的受众、较强的针对性等，为企业带来的营销价值也日益显现。微博营销不仅让企业发布的信息传播更为广泛，提高企业的关注度，直接带来潜在消费者；而且有助于企业深度了解消费者，从而制定或优化产品策略、营销策略，完善企业口碑监测。

微博是网络技术发展的进步力量，影响着每个人的生活，更是企业营销的一个有力工具。而事物都是有双面性的，微博营销也存在着一些问题：如传播能力的有限性、引起共鸣的难度大、微博身份的欺骗性、盲目追求"粉丝"数量、互动性不灵活等。

虽然微博营销有着广阔的前景，但企业若想在未来微博营销的道路上越走越远，就必须面临并正视无数挑战，慎重对待并解决所面临的问题。

2．微博营销运营

要想做好微博营销的运营工作，首先要明确优质微博的标准是什么。有了明确的标准作为指导后，微博营销才会顺利开展。一般来说，衡量微博质量有四大标准，即账号的活跃度、内容的价值性、活动的参与度、"粉丝"的数量与质量。能同时在这四个方面达到很高的标准，就能称这样的微博为优质微博。了解了衡量优质微博的标准，下面主要介绍微博营销的几种方法。

（1）借助热门事件

热门事件属于网络文化的一种，也就是最近人们身边发生的热门新闻事件。合理利用热门事件，可以有效减轻微博运营者的工作难度，提高其工作效率。因此，借助热门事件吸粉是一种非常高效的吸粉方式。

（2）互动

在微博中的互动即是一种拉近彼此距离的方式，也是一种吸粉的方法。一般来说，互动分为两种情况：一种是与微博用户之间的互动，目的就是为了让其成为忠实"粉丝"；另一种是与大V之间的互动，微博上大V的言论有一定的权威性，由他们转发的信息，会得到极高的关注度。例如，小米每发布一款新产品之前，雷军都会在微博中进行宣传，为新产品营造声势。雷军基于微博大V的身份，拥有众多忠实的铁杆粉。所以，这种宣传方式往往都取得了非常好的宣传效果。因此，要想借大V之势来吸粉，就得先去关注大V。

（3）利用QQ涨粉

QQ和微博都拥有着庞大的用户群，对于微博运营人员来说，可利用QQ群和QQ空间两个渠道进行涨粉。微博运营人员可自建QQ群，也可加入别人的QQ群，最终的目的就是为了给微博账号涨粉。在QQ群里转发内容需要注意的是，转发的内容最好是吸引力强的原创文章，并且该内容与微博运营目的之间要有很强的相关性。

（4）利用微信涨粉

微信用户有巨大的客户群，这是一个吸粉引流的重要渠道。朋友圈是一个不可忽视的途径，微博营销人员可以在朋友圈图片打微博二维码水印推广；也可以让好友间微信群互拉，借他人之势来吸粉，通过资源互换，合作的双方都能从中受益，同时也使资源的使用价值得以最大限度地发挥。众所周知，微信公众号是微信针对商家、企业的宣传需要而提供的一个互动平台，因此，利用微信公众号来涨粉也是重要的途径。对于微博营销人员来说，必须注意的是如何做到在朋友圈中发布广告或宣传信息而不会被他人反感。

（5）巧用@

2015年12月20日，知名影星邓超连发了10条微博，每条微博的内容都无一例外地在赞美自己的妻子孙俪，并且邓超还在每条微博内容的后面加上了@标志。这10条微博不仅狠狠地"虐"了一把单身网友，更是造成了当天微博系统崩溃的局面。由此可见，新浪微博开发了@功能后，用户只需在对方昵称前输入"@"符号，然后单击空格键，输入所要发送的内容消息，就能保证消息被对方收到。使用这一功能，能有效防止对方忽略自己的消息，尤其是非常重要的信息。对于微博运营者来说，使用@功能能有两大好处：一是能提醒用户阅读消息；二是能让对方感到自己被重视了，进而拉近与用户之前的距离。那么，如何利用@功能来吸粉呢？首先，经常访问别人，@别人；其次，@不要过多，被@的不熟悉的人不要超过2个；最后，还要多注意和意见领袖的互动。

（6）利用直播涨粉

2016年被称为网络直播元年，大大小小的直播平台都涌现出来。大部分用户的注意力都转移到这些直播平台上来了。各行业、各领域也开始与这些直播平台合作。"直播+电商"的模式，推动电商行业进入了一个发展的春天，因此也为微博营销运营者提供了一个涨粉的契机。

任务应用

注册新浪微博

1）进入新浪微博注册页面。网址：http://weibo.com。

2）通过手机号或邮箱进行注册。以下内容以手机注册为例，如图4-8所示。

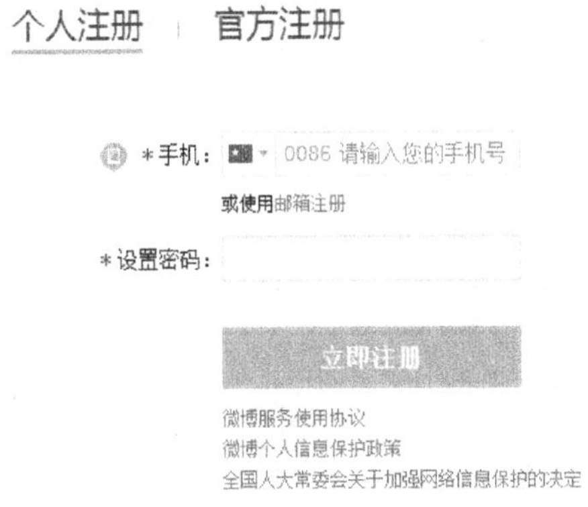

图4-8 新浪微博注册

手机注册需要用所填写的手机号发送短信进行确认，如图4-9所示。

3）手机短信验证成功后，会弹出成功话框，如图4-10所示。

图 4-9 手机注册确认验证

图 4-10 手机验证成功

4）进行资料完善，如图 4-11 所示。

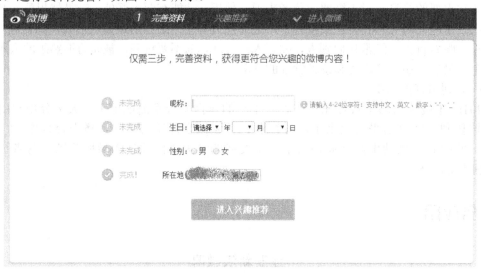

图 4-11 完善注册资料

5）资料完善后，可进入微博首页，微博注册成功，如图 4-12 所示。

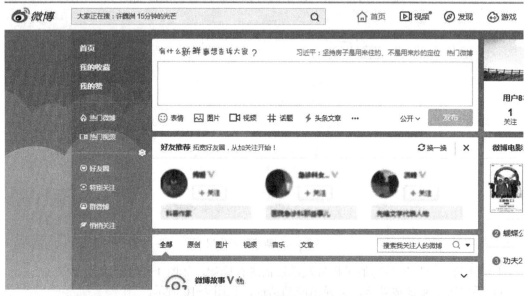

图 4-12 微博首页

任务拓展

微博涨粉的策划

1．任务目的

使用各种方法或途径为自己的微博涨粉。

2．操作步骤

1）注册并完善自己的新浪微博账号。

2）增加自己微博的"粉丝"量。通过所学知识和自己所了解的方法和途径，策划为自己的微博增加"粉丝"量。作为新用户，必须要占有主动性，与"粉丝"建立互动关系，可通过微信或QQ等社交平台的宣传、巧用@、热门事件、内容的铺垫、发布关注度高的文章或新闻等方法。

3．实施结果

完成微博涨粉的策划。通过有效的方法，增加了自己微博的"粉丝"量。"粉丝"高了可提高人气和关注度，吸引更多人看你的微博，对于要成为高人气或做商业的用户来说会有很大帮助。

任务3 问 答 营 销

相关知识

互联网的快速发展及计算机强大的计算和集成能力，大量的文摘内容在网上发布，使网络用户搜索信息的途径更加便捷，通过网络的帮助就能得到想要的答案。而问答类网站由于知识量大、参与度高及"一问多答"的实用模式越来越受到用户的欢迎，问答营销也随之成为网络推广的新形式。

1．初识问答营销

问答营销属于新型的互动营销方式，就是在"问"与"答"的信息传递中，涉及商家的销售信息的传播。它是互动营销介于第三方口碑而创建的网络营销方式之一，既能与潜在消费者产生互动，又能植入商家广告，是做品牌口碑、互动营销理想的营销方式之一。遵守问答站点（百度、天涯等）的发问或回答规则，将自己的产品、服务巧妙地运用软文植入问答里面，达到第三方口碑效应。

目前，国内主流的问答网站中以百度知道为首，它是全球最大的中文知识问答网站。其他还有一些较常见的问答网站，如新浪爱问、奇虎问答、天涯问答、雅虎知识堂等。国外则以Quora和Yedda为代表。用户可以在这里提出问题，也可以解答别人提出的问题，在"问答"过程中，每个人得到了自己想要的答案，同时也帮助了别人。

2．问答营销的特点

（1）互动性

问答方式的互动效果可以充分地补充网站内容的不足，让读者完善知识面，不断地提升互动效果，这样的互动不仅有针对性，同时也具有广泛性，如图4-13所示。

图4-13　百度知道网站

（2）广泛性

问答营销的广泛性是由其特点本身决定的。一个问题可以引来不同人群的讨论，一个事件可以引来不同人群来评论，品牌的建议往往从问答开始，如图4-14所示。

图4-14　百度知道问答网页评论情况

（3）有针对性

网络问答可以针对某个目标群体，根据群体的特点选择其关注的焦点。有针对性的话题能充分调动这个人群的力量，进行充分讨论。也可以针对话题做讨论，让更多的人来参与，达到人群融合的效果，如图4-15所示。

图4-15　针对话题做讨论

（4）可控性

在众多的问答网站上，每天有大量用户发布的问题，并且有无数的问题被解决。在众多答复中可以选择符合要求的回复作为最佳答案，屏蔽不合规定的评论，使问答内容满足用户要求，达到预期效果，如图4-16所示。

图4-16　百度知道问题可控最佳答案

3. 问答营销的主要方法

问答营销的主要方法可以归纳为以下 4 种：

（1）从专业的角度选择问题及提供解答

由于问答网络社区的用户在提问和回答问题方面非专业性和随意性较明显，问与答的意思表述可能不够完善、准确，因此从专业的角度提问或自己提出引导性问题，并以严谨的态度解决用户提出的新问题或回复自己提出的问题，更容易获得用户的认可。同时，这也是利用问答网络社区开展网络营销的基础。

（2）做问答社区有价值的活跃用户

经常关注用户提出的问题，持续为用户提供有价值的解答，同时还将自己发现的问题与他人一起探究，做一个活跃的用户，便于提高信任度。特别是以企业或品牌名称作为用户 ID，每次问答都是展示品牌的机会。

（3）扩大问答社区信息的传播范围

问答社区本身具有搜索引擎功能，与其他权重较高的平台（如搜索、百科等）关联性较强。所以，一些用户关心的问题可以从多个角度进行传播，既在问答平台内部传播又在平台之外传播。例如，将有关问题及解答收集汇总作为企业网站 FAQ 或博客的内容发布；也可以将重要问题及解答页面进行搜索引擎优化，增加被公共搜索引擎检索的机会。

（4）提升问题页面权重

对一些重点问答页面，可以在回答问题时顺便留下要推荐的问答页面地址。该页面的外链数量达到一定程度，问题页面的权重便会得到提升。例如，2010 年刘谦在春节晚会表演的魔术节目受到好评，也引起大家的好奇心。某人关注到这个热点，立刻到问答网站通过自问自答的方式围绕"刘谦魔术揭秘"制造了若干问题，并将自己的网址留在答案中。第二天，就有几千个 IP 访问量。

任务应用

1. 问答营销的表现形式

1）营销的最终目的主要表现为问和答。

2）常见的问答营销方式一般是一问一答，就像人们对话一样。不过现在大多数问答平台都是一问多答，如百度知道、新浪爱问、腾讯搜搜等，通过不断地对话，推动问答营销方式不断发展。

3）问答营销也包括评论营销等变相问答方式营销，通过引导网络用户之间的争论的方向，最终潜移默化地在争论过程中达到自己的营销目的。

2. 问答营销的操作流程

（1）注册账号

根据自身情况选择合适的问答网站进行账号注册。问答平台众多，可结合适合营销目标和目标群体比较集中的问答网站进行账号注册。可选择的问答平台包括百度知道、淘宝问答、知乎、奇虎问答、新浪爱问、天涯问答、搜搜问答和雅虎知识堂等。

选择合适的平台后，需要区分注册角色。一般角色分为以下几种：

1）提问的账号：观望者、咨询者、比较者。

2）回答的账号：行业专家、产品工程师、产品使用者、"粉丝"。

注意：注册账号的邮箱最好用自己独立的邮箱，一个IP地址不要在同一天内注册多个ID。

（2）提问

提问时要注意合理控制问题中的关键词密度和提问的技巧。提问的问题必须有逻辑性，主要就是选取核心关键词，即按照用户的搜索习惯选取关键词和设计针对性问题。如何开展问答营销？

1）根据关键词设置问题：

目标关键词：品牌、产品、服务等。根据自己前面发布的问题或搜索别人的提问来回答，在答案里巧妙地放进与问题主题相关的关键词。

例如：北京哪里的烤鸭好吃？

京东商城笔记本怎么样？

北京哪家英语翻译机构最专业？

哪家网上商城是机打发票？

2）根据消费者购买决策阶段设置关键词：

问题认知→寻求信息→比较评价→决定购买→购后评价。

以"赶驴网"为例：

第一步：设置关键词，如图4-17所示。

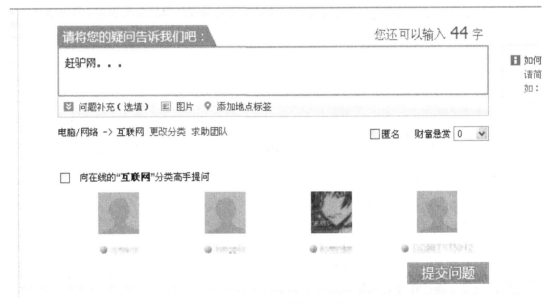

图4-17 设置关键词界面

第二步：对问题进行补充及设置悬赏值，如图4-18所示。

第三步：提交问题。通过单击下面的"确定"按钮，就向百度提交了一个问答，如图4-19所示。

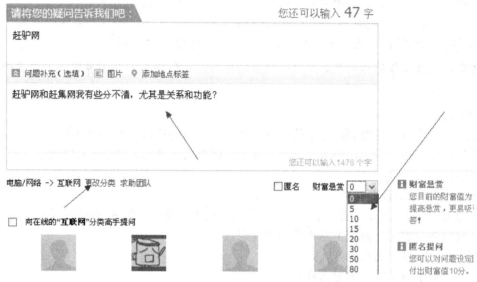

图 4-18　对问题进行补充及设置悬赏值

图 4-19　提交问答

（3）回答

一般设置的问题类型都有以下几种，那么如何针对这些问题进行回答呢？

1）推荐类问题：

① 回答问题要切题。

② 尽量模拟真实用户的口吻。

2）评价类问题：

① 从提问者角度出发，不能使用绝对的语气。

② 从个人角度出发，强调真实感。

③ 回答要具体、详尽、有层次。

④ 多角度、多方面地展现产品。

3）比较类问题：

① 给出明确答案。

② 尽量忌"单边倒"。

4）放入链接：
① 放入博客链接，通过率比较高。
② 提交回答时，先不要放入链接，修改答案时再放上链接。
③ 在百度上放链接，一天之内不要超过 2 个。
④ 间接地引导用户进入网址，如图 4-20 所示。

图 4-20　回复问题界面——加入链接

（4）及时监控问题

百度编辑对问题需要进行审核，根据百度问答算法进行，如果问题的重复性较高，则有可能被删除。

例如，在我的知道——我的提问——问题状态中检查回答是否通过，如图 4-21 所示。

图 4-21　检查回答是否通过

（5）问答排名优化

问答排名与问题的搜索和点击量有直接的关系，可以通过提升问题的搜索量和点击量提升问答排名。

例如，通过搜索所提问问题标题，到百度里面查看评价和排名情况，如图 4-22 所示。

图 4-22 问答排名界面

3. 问答营销的推广方法和技巧

（1）自问自答

首先，合理设置提问问题。慎重选择关键词分类，内容注重逻辑性和条理性，为避免引起读者反感，不要插入广告。

其次，注意回答的时间。提问和回答不能使用同一账号，避免因作弊被平台封号。提问和回答不能间隔时间太近，当天的问题不要当天回答，最好间隔一天以上。另外，不要使用同一个账号进行多个问题回答，把回答问题的时间尽量分散，争取提高答案的审核通过率。

值得注意的是，可以以反面角色回答问题，应该说，问题引起的异议越多越好，因为这样得到的关注就多，问题就越有可能被搜索引擎放在搜索结果前面。但是必须控制回答内容的比例。

（2）回答他人问题

回答他人的提问与自问自答有很大区别。自问自答只要将自己想要讲的内容设置成问答形式即可，而回复他人问题必须注意回复内容的合理性，要迎合发问者的意图，并满足发问者的需求。最好选择自身专业领域最新的提问（相关的）或悬赏的帖子进行回复，提高内容的接纳程度，被采纳的可能性更高。

（3）组建问答推广团队

刚开始的时候，由于账号级别比较低，可以先加入一个团队。加入一个团队是很有必要的，由团队回答的问题，显得更加专业且更加可信；还有一个好处就是不容易暴露自己的账号。

（4）控制数量、提高质量

每个平台在提问和回答的时候都必须慎重，要控制好数量，保证质量。问答营销不是做得越多越好。每天提问和回答的数量太多会引起平台的注意，容易适得其反。

任务拓展

多肉植物问答营销策划与实施

1. 任务目的

掌握问答营销的发布技巧和实施过程。

2. 操作步骤

1）根据各自选择的多肉植物的特性和营销卖点设置相关的三个问题和答案，要求在问答过程中实现对多肉植物的推荐。

2）分别在百度知道、知乎和新浪爱问注册两个账号（一个是提问账号，另一个是回答账号），分别进行提问和回答，注意提问和回答最好相隔一天。

3）检测排名。

3. 实施结果

完成多肉植物问答营销的相关软文发布，并撰写实训报告。

任务4 百 科 营 销

相关知识

在现代信息技术的大力推动下，尤其是互联网 IT 技术与信息存储技术的迅猛发展，出现了一类全新服务模式的工具书——网络百科。网络百科是通过网络用户的参与和奉献精神，汇聚上亿网民的智慧，充分调动大众力量，积极进行交流和分享的平台。随着百科媒体的发展，媒体天生所具有的商业信息传递功能必然会发挥出来。很多企业开始在维基百科、百度百科创建、修改词条，借以传播自己的企业品牌和商品。

1. 初识百科营销

百科营销是指通过借助百科知识传播，将企业所拥有的、对用户有价值的信息（包括行业基本知识、产品具体信息、专业调查研究、企业文化及企业经营理念等）传递给潜在用户，并形成对企业品牌和产品的认知，是将潜在用户转化为实际用户的过程和营销行为。

百科营销的营销方式大体上可以分为两种：第一种是基于百科，每个网络用户根据自己的兴趣爱好，创建新的词条或参与编辑已有词条，同时也可以放入网址链接；另外一种是基于搜索引擎，通过搜索引擎中排名靠前的网络链接，获取更多用户点击，从而增加网络曝光率。

网络百科凭借平等、协作、分享、互助的互联网精神得到了广大网络用户的参与和支持。目前，较为常用的网络百科主要有维基百科、百度百科、搜搜百科、金融百科、360百科、互动百科、MBA 智库百科、维基中文百科、搜搜百科、中文百科在线、百科全说等。其中，维基百科（Wikipedia）是全球最大、最知名的百科网站，而百度百科是全球最大的中文百科网站。

2．百科营销的特点

（1）信息形态多媒体

百科营销克服了传统百科信息缺乏时效性的特点，与时俱进，融入了文字、声音、三维、视频及影视图像等多媒体形式，以动态和直观的角度展示在用户面前，突破了时间、空间、地域的限制，帮助用户更好地辨析和接受某一事物。例如，"人工智能"，除了一般的文字描述之外，它结合当今最前沿的科技视频和图片更好地向用户展示了人工智能的相关信息。

（2）精准率高

百科营销多采用搜索引擎作为检索入口，利用大量的词条、字序和分类的检索途径，让用户可以快速收集到想要的信息，很好地对检索的深度和精度进行控制，大大提高了用户检索的精确率。例如，想要找"吴京"，除了可以直接搜索"吴京"，还可以通过《战狼2》《杀破狼》《危城》等影视作品来搜索"吴京"，非常快速、便捷。

（3）增加流量

在百科编辑词条链接，对于提高网站的权重和增加网站流量都是有实际效果的。

（4）权威性强

百科类的信息相对于网络上的其他信息而言更加权威有效，这体现在由专业的百科编辑人员在后台的审核，只有高质量且真实可信的百科信息才能被通过。

3．百科营销的优势

（1）百科提升企业的品牌形象

百科由于其本身的属性，它所显示的信息量精准而丰富，是网络用户心目中公信力和权威性最高的媒体。百科相比新闻、论坛、博客、SNS 等网络内容，更适合企业进行品牌形象的创立与推广，被认为是互联网上"定义媒体"。所以，企业拥有了百科词条，就有更高的品牌形象。

（2）百科营销是深度营销

众所周知，知识营销是现代绿色营销的一种方式，百科营销突破了企业传统营销的思维模式，改变了生产型企业本身的认知，改变了客户、企业甚至是社会对商品的认知方式。

（3）百科营销带来潜在客户

企业通过百科进行词条、字序等的创立，提供高质量外链，并为广大网络用户提供检索与查阅，很大程度上增加了网站的点击率和曝光率。网络用户一方面可以通过精准的搜索，进入企业品牌所创建的词条，成为品牌的潜在客户，另一方面可以通过模糊搜索，进入相关词条，看到品牌信息，成为企业的潜在客户。而且，引导的用户都是精准人群。从这个角度讲，百科营销是成本最低廉的营销方式。

（4）百科提高网站的权重，提升网站排名

网站权重是指搜索引擎给网站（包括网页）赋予一定的权威值，对网站（网页）权威的评估评价。而一个网站的权重越高，在搜索引擎所占的分量就越大。所以，提高网站权重，不但利于网站本身在搜索引擎的排名，还能提高整个网站的流量与信任度。百科的网站权重一般比其他信息类网站的权重要高，企业把自身品牌链接挂在百科的页面中，就能潜移默化地提高企业自己网站的权重。

任务应用

1. 百科营销的实施流程

（1）选择合适的网站

网站的种类纷繁复杂，而百科类的网站更是不计其数。企业如果在每个百科类网站上都进行网站推广，无疑会浪费大量人力、物力及时间。而"鸟择良木而栖"，所以选择效果好的、知名度高的百科网站进行推广，是企业百科营销的第一步。对于国内推广而言，百度、知乎这两个网站的百科知名度高，适合我国网民的使用习惯，适合做国内推广；而企业如果需要进行国外推广，则可以选择维基百科等网站。

企业根据自身的需要选择了合适的百科网站后，就可以开展推广。例如，企业选择了百度百科、搜搜百科这两个网站后，并不是对这两个网站统统"投入"，而是首先要查看两者的区别。窍门就是"排除顶替法"，即如果搜搜百科里面有词条，而百度百科里面没有，就需要通过"扩展"把词条内容放到百度百科里，从而实现两个百科的"投入"。

（2）创建词条

无论企业品牌影响力大与小、企业历史是否悠久，一个正规的、详细的企业介绍文档都是消费者需要参考了解的。目前，网络上很多企业只重视企业网站的形式感，而忽略了企业本身的介绍内容，并且长期不更新。所以，最好的企业介绍形式应是企业在百科媒体上创建的属于自己企业的百科，通过词条化小百科的形式，把企业网站的简介部分直接连接到百科媒体，从而获得更大程度的权威证明，获取消费者的信任。

企业所创建的词条一定要和自己推广的网站相关，这样可自然而然、理直气壮地加上网站的链接，实现网站推广。否则，会因为广告嫌疑被编辑屏蔽。

（3）实时监控

监控关键词在搜索列表中是否进入搜索前列，需采取相关措施跟进。

2. 百科营销的营销技巧

（1）措辞一定要客观，勿主观描述

百科词条的编写用语应规范，应使用书面语。编写者应熟悉百科营销的常用术语，如：

1）词条：词条就是百科的题目，可以是一个事物的主题，可以是一个人或其他标志性的主题，如"茉莉花""吴京""互联网+"。

2）目录：将文中的段落进行索引，单击目录可以到达指定的内容。

3）内链：正文中指向百科其他词条的链接，帮助读者理解词条叙述的内容和扩展阅读。

4）参考资料：可查证有公信力的资料，包括书籍、论文、杂志、网络资源等。

5）词条标签：与当前词条较为紧密的词条，可以使阅读与浏览更具连续性，以便了解与该词条相关的知识。例如,"贾宝玉"的相关词条可以是"林黛玉"和"薛宝钗"。

6) 同义词:名称不同但意思相同,选择规范的措辞作为标准,如"北京大学"即为"北大"。

(2) 创建合适的词条名

词条名要准确、规范,词条结构要清晰合理,选择目标受众人群会搜索的关键字,做到有的放矢,对目标受众施加影响,以产品关键词或企业名称来创建词条(可以是核心关键词,也可以是长尾关键词),抢占百度首页。一般为产品属性、行业类别、功能需求等相关关键词。公司、产品、企业、网站词条应保证词条名、正文及参考资料描述的主体一致。这里要特别注意:不能是合成词,如广州旅游、广州SEO等。

(3) 重在创建

创建容易补充难,因为用户不知道补充的内容是否符合原词条的口味,而审核编辑对这一点十分看重,往往创建的词条更容易通过,而补充的词条不易通过。因为,新创建的词条更容易打动编辑。

(4) 坚持不懈

一次性通过的百科词条频率很低,做百科推广一定要做好被打击的心理准备,不能遭受一两次打击就放弃,要坚持不懈地修改重发,每次修改都要精益求精、细中求细,一般修改几次后都能通过。凡是没通过的词条,编辑都会给出未通过的原因,根据原因进行修改,一般就会通过了。

(5) 编辑对口

大型网站每天提交的词条一定会有很多,当然编辑也不是一个。这个编辑认为不好,另一个编辑可能就会认为合格。不同的编辑口味不同,要求不同,就会出现上午提交不合格,下午提交就会合格的现象。因此,多试几次,也许会有不同的结果。

(6) 不可多链

不可多链是百科类网站的统一"潜规则",如果抱着侥幸心理,在一个词条里面添加多个外链,当然不能通过。另外,同一个时间段里,不要多次提交含有同一个外链的词条,要在一个词条通过以后,再提交下一条,否则,如此明显的广告意图,很容易引起编辑的怀疑,多数不会通过。

3. 百科平台的选择

(1) 百度百科

目前,百度百科上链接不好加,审核比较严格,不适合做外链;百度对自己的权重较高,涵盖所有领域知识、服务所有互联网用户。

(2) 搜搜百科

比较容易加外链且被百度收录,跟百度百科定位一样,涵盖所有领域知识;可以将外链添加到扩展阅读中;词条浏览量及时更新。

(3) 互动百科

词条数量属于3个百科网站中最多的;垃圾广告太多,界面广告过多,页面美观度不好;可以加外链,把外链加到注释与参考中;审核比较容易通过;词条收录没有百度百科和搜搜百科高。

任务拓展

创建百科词条

1. 任务目的

了解百科营销的特点,熟悉百科营销的技巧,通过创建和修改百科词条的方式来加深对百科营销的理解和掌握。

2. 操作步骤

1)在互动百科、百度百科、搜搜百科 3 个平台注册账号。
2)分别在三个平台创建一个以自己名字为内容的百科词条并发布。
3)检测排名。

3. 实施结果

提交实训报告,总结百科营销的营销技巧和方法。

任务5 论坛营销

相关知识

1. 初识论坛营销

论坛即电子公告牌,也叫作网络社区、BBS。论坛营销就是企业利用论坛这种网络交流的平台,通过文字、图片、视频等方式发布企业的产品和服务的信息,从而让目标客户更加深刻地了解企业的产品和服务,最终达到宣传企业的品牌、加深市场认知度的网络营销活动。

对于网络商家而言,论坛营销是免费推广的方式之一,通过一些人气较高的论坛,可以快速寻找潜在顾客,从而和潜在顾客形成及时有效的互动,同时全方位展示店铺及产品信息,并且可以通过论坛迅速进行口碑传播。

近几年,许多影响较大的新闻都起源于网络,而网络论坛的讨论和转帖正是制造这些新闻的最初推手,产生爆发的效果。苏宁易购在天涯社区娱乐版块策划了"苏宁易购挑战全网,悬赏招募绝世战书"的活动,向广大网友传播苏宁易购"击穿全网底价,何必东比西淘"的宣战口号。不到十天时间,各界网友纷纷响应口号,发挥聪明才智,共收到战书投稿超过 1000份,其中不乏论坛版主和意见领袖的倾情支持。活动帖子总回复为 77232,曝光量为 6678876,达到很好的宣传效果。

国内比较著名的论坛有百度贴吧、天涯社区、新浪论坛、搜狐社区和豆瓣社区等。国外比较著名的网络社区有 Facebook、Twitter 和 Linkedin 等。

2. 论坛营销的特点

（1）互动性较强

网络论坛是一个以互联网为基础的、开放的网络讨论社区，与以往的互联网应用相比，论坛更有利于客户口碑的形成。所有通过注册的用户都可以在社区里发布信息、参与讨论、回复帖子等，社区里聚集了参与网络论坛互动的网民。企业通过创建网民感兴趣的活动及话题帖，将品牌、产品、活动等宣传内容进行植入，以回帖、顶帖等技巧来制造话题，引发舆论，从而增加与网络用户的互动，加速信息的传播，达到宣传的目的。

（2）营销成本低廉

论坛营销操作成本低廉。目前，大部分论坛营销都属于论坛灌水，所以要求操作者在网络平台上撰写、策划一些新颖的、具有吸引力的话题，如奇闻逸事、趣闻趣事等，然后在这些话题中有意无意地植入企业的产品或服务。值得注意的是，企业进行论坛营销时，必须要注意将营销无形地进行，否则将会引发消费者的反感，得不偿失。

（3）针对性强

网络论坛涉及生活的方方面面，几乎每一个网民都能找到自己感兴趣的或需要详细了解的专业论坛。而且，每个论坛板块中都设有版主，论坛版主根据用户的需求进行板块管理，内容也相对丰富多样。例如，房产信息、汽车信息、交友信息、活动信息、新闻趣闻等各类信息，用户轻易就能找到自己感兴趣的话题，并进行互动交流。如果企业可以有针对性地将自己的产品或服务发帖到相应的论坛板块中，特别是有热门话题和板块内容的论坛，将会得到意想不到的营销效果。

任务应用

1. 论坛营销的操作流程

（1）了解需求

在论坛营销中，首先企业应该分析企业运用论坛营销的方法进行网络营销要实现的目标，只有目标明确，才能更好地完成企业的论坛营销活动。因此在策划和实施论坛营销时，都应该以企业的目标为基础开展论坛营销，达到事半功倍的效果。

（2）选择论坛

企业要使用论坛营销必须明确自己的产品或服务项目，明确目标群体的活动板块，以此来选择有自己潜在客户的论坛来进行营销，这样避免了在网络的海洋中盲目地大海捞针，在扩大营销范围的同时减小作业量。例如，旅游产品可以在马蜂窝等旅游自由行网站进行帖子投放。

（3）注册账号

企业首先要根据自己的不同产品注册相关论坛的账号，必须在全国各大知名专业性的网站进行账号注册，这样能更好地对产品进行推广营销。为了保证前期炒作的条件，企业账号在每个论坛要不低于 10 个，这个是保证前期炒作的条件。不同产品、不同营销事件，需求的账号数量不定。

（4）互动技巧

在论坛板块活动中，一定要守规矩，不要随意发布广告，否则容易被版主屏蔽。要多发原创的内容，不要抄袭；注意回复帖子的技巧，对热门帖子要多加关注，适当点赞和顶帖，容易博取版主或其他网友的好感，获得人气和关注，建立良好的社交人际关系。

(5) 管理和数据监测

企业要配备专门的人员进行论坛数据管理，包括注册账号、发布帖子、回帖等。根据企业在不同营销阶段开展的工作，阶段性地更新帖子内容，安排不同的工作人员进行发帖、回帖等工作。除此之外，论坛的人气也会对推广工作带来很大的帮助，需要管理人员熟悉各大论坛的管理员和版主，及时和他们进行沟通，保持良好的网络社交关系。最后，企业要仔细监测论坛营销带来的效果，如网页浏览数据、帖子人气、帖子回复量等，总结每个阶段的推广效果，有助于总结经验。

2．论坛常用语言

论坛常用语言见表4-3。

表4-3　论坛常用语言

序号	名称	说明
1	斑竹	版主，也可写作"斑猪"。由于拼音输入造成的美妙谐音。副版主叫"板斧"
2	马甲	注册会员又注册了其他的名字，这些名字称为马甲，与马甲相对的是主ID
3	菜鸟	原指计算机水平比较低的人，后来广泛运用于现实生活中，指在某领域不太拿手的人。与之相对的就是"老鸟"
4	大虾	"大侠"的统称，指网龄比较长的资深网虫，或者某一方面（如计算机技术或文章水平）特别高超的人，一般人缘声誉较好才会得到如此称呼
5	灌水	原指在论坛发表的没什么阅读价值的帖子，现在习惯上会把绝大多数发帖、回帖统称为"灌水"，不含贬义
6	潜水	天天在论坛里待着，但是不发帖，只看帖子，而且注意论坛日常事务的人
7	拍砖	对某人某帖发表与其他人不同看法和理解的帖子
8	刷屏	打开一个论坛，所有的主题帖都是同一个ID发的
9	扫楼	也叫"刷墙"，打开一个论坛，所有主题帖的最后一个回复都是同一个ID发的
10	楼主	发主题帖的人
11	盖楼	回同一个主题帖，一般"粉丝"比较喜欢盖楼
12	沙发	第一个回帖的人。后来，坐不到沙发的人，声称自己坐了"床"或楼主的"大腿"
13	椅子	第二个回帖的人

任务拓展

家居用品论坛营销策划与实施

1．任务目的

掌握论坛营销的发布技巧和实施过程。

2．操作步骤

1) 选择百度贴吧的家居产品板块作为发布平台，首先注册账号，并熟悉平台的相关操作。

2）撰写帖子的标题和有针对性的软文，并适当插入 Flash 和 GIF 动态图增添文章动感。

3）帖子推广。将帖子发布到其他社会化媒体平台，并可互相针对帖子进行回复，同时设置有个人特色的签名档。

3．实施结果

完成家居产品论坛帖子的发布，并撰写实训报告。

项 目 小 结

本项目分别介绍了微信营销、博客和微博营销、问答营销、百科营销和论坛营销的相关知识与实际操作步骤，结合相关的案例配合讲解，并且结合任务应用与任务拓展，让学生能够尝试实施社会化媒体营销。

思考与练习

1．**不定项选择题**（至少有一个选项是对的）

1）微信营销的模式主要有（　　　　）。

  A．推送模式　　　　B．订阅模式　　　　C．二维码　　　　D．自动回复

  E．语音信息模式　　F．品牌活动模式

2）微信公众平台的账号类型有（　　　　）。

  A．订阅号　　　　B．服务号　　　　C．企业号

3）论坛营销的特点有（　　　　）。

  A．广泛传播性　　B．强制性　　　　C．针对性强　　　　D．营销成本低廉

4）问答营销的发布平台有（　　　　）。

  A．互动百科　　　B．知乎　　　　　C．百度知道　　　　D．新浪爱问

5）社会化媒体营销包括（　　　　）

  A．微信营销　　　B．微博营销　　　C．问答营销　　　　D．百科营销

2．简答题

1）微博营销的方法有哪些？

2）目前，微信营销的模式有哪些？

3）百科营销的特点有哪些？

4）简述问答的方式有哪些？

5）论坛营销的特点有哪些？

项目 5

搜索引擎营销

学习目标

知识目标

1）熟识搜索引擎营销。
2）熟知搜索引擎排名的影响因素。
3）掌握搜索引擎优化方法。

能力目标

1）能够为某网站定位和选择关键词。
2）会合理布局和优化关键词。
3）能让搜索引擎找到你的网站。

素质目标

1）培养与团队成员沟通协作解决问题的能力。
2）培养获取信息的能力,提升媒体素养。

案例导读

美联航空——优化关键词选取,达成机票销量翻番增长

美国联合航空公司（United Airlines）（以下简称"美联航空"）在 2007 年第一季度期间,充分利用搜索引擎营销手段,在消费者形成机票购买决策前就与之充分互动,将消费者最想预先知晓的机票信息做最有效的传达,在广告预算没有增长的情况下,搜索引擎营销产生的销售业绩增长超过 2 倍。

美联航空通过调研获知,有 65% 的消费者在做出旅行决定前,会进行至少 3 次搜索;有 29% 的消费者会进行 5 次以上的搜索。而消费者关注的信息主要体现在三个层面：价格、服务和关于航空公司的详细信息。因此,针对这三个层面的信息,美联航空分别对关键词的选择及结果的呈现方式做了优化,使消费者在决策前知晓相关的信息,从而带动了机票销量的增长。

美联航空的案例表明，搜索引擎营销能够告知消费者在购买周期内关注的细节是什么。企业如能在营销活动中提升信息传达能力，并且时刻优化这些信息的呈现形式，让市场营销人员和消费者保持互动循环，就能对销售产生实际的促进意义。

案例思考：
1）什么是搜索引擎营销？它的优势在哪里？
2）美联航空通过什么做法促使销售业绩的增长？
3）你还知道哪些通过搜索引擎营销成功的例子？

任务1　搜索引擎营销认知

相关知识

1. 初识搜索引擎

互联网发展早期，以雅虎为代表的网站分类目录查询非常流行。网站分类目录由人工整理维护，精选互联网上的优秀网站，并简要描述，分类放置到不同目录下。用户查询时，通过一层层的点击来查找自己想找的网站。也有人把这种基于目录的检索服务网站称为搜索引擎，但从严格意义上讲，它并不是搜索引擎。1990年，加拿大麦吉尔大学（University of McGill）计算机学院的师生开发出Archie。当时，万维网（World Wide Web）还没有出现，人们通过FTP来共享交流资源。Archie能定期搜集并分析FTP服务器上的文件名信息，提供查找分别在各个FTP主机中的文件。用户必须输入精确的文件名进行搜索，Archie告诉用户哪个FTP服务器能下载该文件。虽然Archie搜集的信息资源不是网页（HTML文件），但一样具备自动搜集信息资源、建立索引、提供检索服务三个功能。所以，Archie被公认为现代搜索引擎的鼻祖。

2. 搜索引擎营销的概念

（1）搜索引擎

搜索引擎是指根据一定的策略，运用特定的计算机程序搜集互联网上的信息，在对信息进行组织和处理后，将信息显示给用户，为用户提供检索服务的系统。

（2）搜索引擎营销

搜索引擎营销的英文简称为SEM，就是根据用户使用搜索引擎的方式，利用用户检索信息的机会尽可能地将营销信息传递给目标用户的营销方式。

3. 搜索引擎的工作原理

从搜索引擎的基本技术来讲，包括抓取、索引、排序三个方面。

（1）抓取

根据一定的程序规则，在互联网上进行扫描，以网站的链接为桥梁，只要是它认为有价值的信息，就进行抓取，并收入囊中。

（2）索引

搜索引擎使用分析索引系统，对抓取回来的网页进行相关的提取，如网页的URL、编码、页面内容、链接、生成时间、关键词等,通过一定的算法进行复杂的计算,并计算出网页的相关度(关键词、重要性),然后建立一个索引数据库。

(3)排序

当用户输入关键词并发出搜索请求后,搜索引擎的系统就会根据关键词在网页索引数据库里进行查找,然后再显示在搜索结果上返回给用户。

4. 影响搜索引擎排名的因素

影响搜索引擎排名的因素很多,但主要有以下几个方面:

1)网站内容相关性。例如,网页标题标签是否使用关键词?有没有导入链接锚文字?网站的链接网站、主题是否相关?使用的关键词是否在页面中显示?

2)链接的流行度。例如,网站内外的链接结构是否流行?外部链接是否权威?链接网站的流行度如何?

3)搜索结果多样性。例如,搜索的结果是否能反映客户搜索的需求?是否存在无法访问的页面或无效、垃圾链接?

4)内容的新鲜度。例如,通过搜索的内容显示的时间是否是较新的信息?网站上的内容是否是最近更新的?

5. 搜索引擎的分类

搜索引擎有各种不同的表现形式和应用领域,按其工作方式可分为全文搜索引擎、目录索引类搜索引擎和元搜索引擎3种。

(1)全文搜索引擎

全文搜索引擎是通过从互联网上提取的各个网站的信息(以网页文字为主)建立的数据库,按一定的排列顺序将检索与用户查询条件匹配的相关记录结果返回给用户,是名副其实的搜索引擎,最具代表的有百度。

(2)目录索引类搜索引擎

目录索引类搜索引擎是按目录分类的网站链接列表,虽然有搜索功能,但不算真正的搜索引擎,像雅虎、搜狐、新浪等用户仅靠分类目录也找到需要的信息。

(3)元搜索引擎

元搜索引擎在接受用户查询请求时,在其他多个引擎上进行搜索,并将结果返回给用户。最具代表性的有搜星搜索引擎和按来源引擎排列搜索结果的 Dogpile,以及按自定的规则将结果重新排列组合的 Vivisimo。

任务应用

1. 学会使用搜索引擎

如果一位网络营销的老师想查找网络营销方法的课件,那么她该如何搜索才能获得比较准确的资料呢?

(1)选择搜索引擎

搜索引擎的种类不同,工作方式也不同,因而导致了信息覆盖范围方面的差异。人们平常搜索仅集中于某一家搜索引擎是不明智的，因为再好的搜索引擎也有局限性，合理的方式应该是根据具体要求选择不同的搜索引擎。

百度操作简单方便，选择百度作为搜索工具，对"网络营销"进行检索，查找常用的网络营销方法有哪些。

（2）使用搜索引擎

1）选择检索方法。使用菜单搜索，简单有效，方便快捷。

2）选择搜索信息的种类。搜索的是关于网络营销方法的课件，那么可以选择"文库"中的"PPT"，如图5-1所示。

图5-1　选择搜索信息的种类

3）输入关键词。在输入关键词时，可以直接输入要查找的资料的关键词，如以"网络营销"为关键词进行检索，搜索结果如图5-2所示。

图5-2　输入关键词

搜索结果内容比较多，关于网络营销方法的信息似乎没有找到，如果想摈弃一些不需要的信息，则可以结合使用一些技巧。例如，输入"网络营销方法"精确搜索关键词，如图5-3所示。中间加空格或搭配逻辑命令"and"可使搜索结果更加精确，如图5-4所示。

图5-3 精确搜索关键词

图5-4 使用逻辑命令

4）打开链接，进行浏览。

（3）检索结果

学会搜索方法完成精确查找相关信息。

任务拓展

对比三大搜索引擎

1. 任务目的

浏览百度、360 搜索和搜狗搜索,输入相同关键词,观察其搜索结果。

2. 操作步骤

第一步:百度搜索"信息存储与检索",查找《信息存储与检索》这本图书,搜索结果排在第一条。关于此信息的相关结果有约 1390000 个,如图 5-5 所示。

图 5-5　百度搜索结果

第二步:360 搜索平台中输入"信息存储与检索",查找《信息存储与检索》这本图书,搜索结果排在第二条,第一条是广告,相关搜索结果有 1660000 个,如图 5-6 所示。

图 5-6　360 搜索结果

第三步：搜狗搜索平台中输入"信息存储与检索"，查找《信息存储与检索》这本图书，搜索结果排在第三条，相关搜索结果有 26681 个，第一条和第二条都是广告，如图 5-7 所示。

图 5-7　搜狗搜索结果

3. 实施结果

就同一关键词，从搜索的结果数量来看，360 搜索>百度>搜狗搜索；从搜索的信息范围来看，百度的信息范围较广，覆盖范围大，价值度高；在性价比方面，百度用户量最多，收费和点击费用都是最贵的，360 搜索相对性价比高，搜狗搜索最便宜；在数据收录上，百度收录相对比较新、杂的数据，而 360 搜索针对性比较强，搜狗搜索在搜索软件、电影方面优势突出。

任务 2　搜索引擎优化

相关知识

2016 中国 SEO 排行榜

2016 年第六届中国 SEO 排行榜大会的会议主办方是国内权威的 SEO 公司——耐特康赛（netconcepts）网络技术公司。在会上，耐特康赛公司揭晓了年度中国 SEO 排行榜获奖榜单，对年度在 SEO 领域表现优秀的企业进行评选和表彰。2016 年 SEO 排行榜年度十强如图 5-8 所示。

图 5-8　2016 年 SEO 排行榜年度十强

　　SEO 排行榜榜单十强分别为 58 同城、合生元、京东、苏宁易购、AliExpress（全球速卖通）、淘车网、携程旅行网、泰康在线、央视网、中国平安，上榜企业排名并无优劣之分，均是对 SEO 行业做出了突出贡献的企业。就如大会一直秉承的理念，耐特康赛网络技术公司鼓励优秀的 SEO 网站发展，并一直致力于为 SEO 业界提供行业参考，而这些优秀的企业是最好的榜样。

1．搜索引擎优化

　　搜索引擎优化（Search Engine Optimization，简称 SEO），是指通过自然搜索结果获得网站流量的技术和过程，是在了解搜索引擎自然排名机制的基础上，对网站进行内部及外部的调整优化，改进网站在搜索引擎中的关键词自然排名，获得更多流量，从而达成网站销售及品牌建设的目标及用途。

2．搜索引擎优化的优势

　　对任何一家网站来说，要想在网站推广中取得成功，搜索引擎优化是最为关键的一项任务，在网络营销中的优势也越来越明显，主要有以下几点：

　　1）网站通过搜索引擎自然检索获得的用户访问量达到显著提高（或许超过 80% 都有可能）。

　　2）通过网页内容的优化，用户通过搜索结果中有限的摘要信息感知对网站的信任，这也是网络营销品牌创建的内容和方法之一。

　　3）当用户通过搜索引擎检索结果信息的引导来到网站之后，应该可以获得有价值的信息和服务，可见搜索引擎优化与网站内容等要素的优化是不可分割的。

　　4）对提高用户转化率提供最大的支持。

　　5）对竞争者施加营销壁垒。对于每个关键词的检索结果而言，在搜索引擎返回的海量信息中，引起用户关注并形成点击的信息是非常有限的，在搜索结果中占据有利的位置，在为自己带来潜在客户的同时，也对竞争者施加了营销壁垒，缩小了竞争对手的推广空间。

3．关键词设计技巧

　　人们经常听到这样的事例：一家公司的网站在搜索引擎上排在了前 20 名，业务量随之猛增到原来的 10 倍。而另一家公司排名同样也在前 20 位，可业务量前后却没变化。是什么造成了如此大的差异？原因很简单，就是前一家公司选择了正确的关键词，而后者在这方面犯了致命的错误。

　　在搜索引擎中输入一个词语或几个词语，然后命令搜索引擎去搜索想要的结果，这个能够最终打开想要的结果页面的词语就称作关键词。关键词一般为产品、服务、企业、网站等。关键词可以有一个，也可以有多个。

　　那么，该如何设置关键词呢？

1）要选择具体的关键词。在挑选关键词时要把握好企业的业务或产品的种类，尽可能选择具体的词。

2）可以选择错拼或相似的单词。例如，对于"contemporary"，你将"contemporery"作为关键词，一旦用户使用这个错拼词进行搜索时，就有可能排在前列。

3）可以选用较长的关键词。例如，我们在提交单词时，尽可能选择"tables"而不选择"table"，因为搜索引擎支持多形态或断词查询，选择较长的词，可以增加被检索的机会。

总之，在选择关键词的时候必须以用户的角度去考虑，也要尽可能地扩展关键词进行多排列重组，衍生更多的关键词。对于一些知名企业，品牌关键词是不能忘的；也可以借鉴做得好的竞争对手使用的关键词，精确使用，不用无关的关键词，合理布控页面。

任务应用

1. 网站搜索引擎营销分析与策划

在网站建设和测试优化期，主要为网站内部做优化和搜索引擎优化。对于网站平台而言，其内部做优化和搜索引擎优化主要从两点出发：一是关键词分析，二是站内 SEO 相关元素的分析。

在对关键词分析时，首先需要抓住核心关键词的范围并明确关键词与普通关键词的定位，在长尾关键词的选择方面，不仅需要兼顾自身平台的性质，而且需要研究确定标题、关键词、描述及其他四个部分的关键词内容。

2. 网站搜索引擎优化的实施

搜索引擎优化涉及网站建设到运营整个环节，在网站建设初期就要考虑到相关的因素。全面的搜索引擎优化实施具体包括以下内容：

（1）网站框架结构与内容的优化

页面模块间的内容联系合理，布局要符合逻辑，特别是主页的外部链接必须有较强的关联性和互补性，内容页间的链接需要有必然的联系，网站平台通过产品内容的连续性及相关性，将网站链接层次化。尽可能少地要求用户使用前进和后退按钮，并对网页是否在新窗口打开进行合理的选择。少用图片作为栏目标题，尽可能让搜索引擎全方位地吸收页面的所有内容。

（2）网页 META 标签设计与标题的选择

贴近页面内容及主题，提取页面权值较重的关键词，但同一关键词不可重复出现许多次，同一关键词的出现尽量保持在 3~5 次。挑选页面关键词相关主题，还有对页面的一些描述性的文字。可以看到该学习平台在页面主题设置了如技能教育平台、实习、实践等简单的标题关键字，在页面内容上设置了如实习、经济管理、电子商务、市场营销、技能提升、在线教育及在线学习等词语作为核心关键词，如图 5-9 所示。

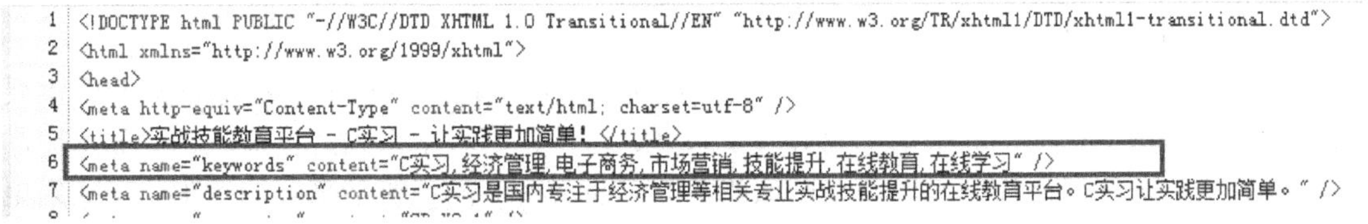

```
1  <!DOCTYPE html PUBLIC "-//W3C//DTD XHTML 1.0 Transitional//EN" "http://www.w3.org/TR/xhtml1/DTD/xhtml1-transitional.dtd">
2  <html xmlns="http://www.w3.org/1999/xhtml">
3  <head>
4  <meta http-equiv="Content-Type" content="text/html; charset=utf-8" />
5  <title>实战技能教育平台 - C实习 - 让实践更加简单！</title>
6  <meta name="keywords" content="C实习,经济管理,电子商务,市场营销,技能提升,在线教育,在线学习" />
7  <meta name="description" content="C实习是国内专注于经济管理等相关专业实战技能提升的在线教育平台。C实习让实践更加简单。" />
```

图 5-9 网页 META 标签设计与标题的选择

（3）优化关键词密度

适当增强首页、内容页的关键词密度，但不可在页面中重复过多，合理按照页面内容出现，密度保持在2%~8%，有利于增强搜索引擎对网页的好感度，可以提升页面的权值。

（4）页面链接的有效性

尽可能避免错误链接，检查所有链接的有效性和合理性，并保证链接页面内容的关联性。通过站长工具死链检测工具，避免错误链接及死链的出现，同时，通过创建网站地图，使得未被搜索引擎及时收录的页面在搜索结果出现404页面情况下直接跳转至网站地图。

（5）网站有效内容的引入

网站内容是用户群体与网站沟通的常见方式，对于不同网站内容，首要前提是挖掘用户群体的需求点或痛点，针对需求与问题进行引导，并通过文案撰写的方式有效地吸引用户群体的关注和形成共鸣等感情交融。因此在网站内容撰写时，不仅需要核心把握用户群体的需求，还需要针对不同需求进行针对性的内容引导，多面考虑与多方引导，帮助用户群体建立知识库。

3．搜索引擎营销效果

某实习平台作为一个对接学生、教师、学校、企业、专家的以技能提升为核心、以人才挖掘为目标的在线教育平台，其核心价值是帮助学生、教师、学校、企业提供平台化服务与发展契机。所以，对不同的角色而言，该网站的内容也具有不同的针对性。例如，对学生来说，该网站主要帮助学生在体系化课程下学习知识。帮助学生通过实训任务，获得技能提升，完成企业任务，提升技能的同时被企业所挖掘，并且以多面评价体系和多方指导体系，帮助学生对自己能力建立全面认知和疏通知识节点，扫清实战障碍。不但如此，学生还可以遵循该网站提供的视图化成长路径，向着心仪行业就业规划，获得线下进入企业实习或就业的机会。因此，当网站在为用户提供有价值的信息时，也为网站自身的推广发挥作用，所以在网站正式运营之前，有效地引入信息量也很重要，同时必须长期坚持。

任务拓展

博星网搜索引擎营销策划与实施

1．任务目的

根据博星网的情况，优化设计关键词，提高关键词搜索排名，增加访问量。

2．操作步骤

（1）分析该网站搜索引擎存在的问题

博星网产品的相关关键词在搜索引擎结果中的自然排名有所下降，访问率降低，订单转化率不足，通过互联网了解并购买产品的用户数量太少。

（2）关键词优化实施

1）关键词范围确定，形成关键词列表。首先必须明确网站的服务和产品，该网站主要宣传的是系列教学产品，其中电子商务教学系列、市场营销教学系列是目前热销产品，产品实力强，用户关注度高，因此提高这两款的产品排名会给产品销售带来好的效果。下面以电子商务教学系列产品的关键词来分析，见表5-1。

表 5-1 关键词列表

产品系列	产品名称	关 键 词	联想关键词	数量总计
电子商务教学系列	电子商务网站开发平台	电子商务网站开发	电子商务,开发,系统 电子商务网站,开发,系统 电子商务,网站开发,系统 电子商务,网站开发系统	5
	电子商务教学实验系统	电子商务教学系统 电子商务教学实验系统	电子商务教学软件 电子商务,教学 电子商务,教学系统 电子商务,教学软件 电子商务,教学实验软件	6

列出了关键词的范围,那么接下来就是对具体的关键词进行界定,来明确核心关键词。

2)明确核心关键词。如何筛选每套产品的核心关键词?这就需要换位思考,根据用户行为习惯来考虑。假设我是某电子商务专业的教师,需要一款能提高学生动手能力的电子商务教学软件,使用百度进行搜索,那么会输入什么关键词呢?

第一步:利用工具,打开百度,输入部分产品名称,在下拉框中根据相关词汇进行初步确定和筛选,如图 5-10 所示。

图 5-10 百度关键词联想

第二步:通过相关的关键词工具进行检索,打开"站长工具"→"百度关键词挖掘",查看关键词的一些数据。百度关键词挖掘中数值越高说明搜索次数和频率越高,如图 5-11 所示。

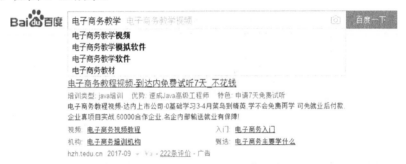

图 5-11 关键词搜索

第三步：确定核心关键词，见表 5-2。

表 5-2　核心关键词

产品系列	产品名称	直接关键词
电子商务系列	电子商务网站开发平台	电子商务网站开发 电子商务网站开发系统
	电子商务教学实验系统	电子商务教学系统 电子商务教学软件

3）明确普通关键词。相比较核心关键词，普通关键词的重要性较低，分为间接关键词和长尾关键词。

所谓间接关键词是对核心关键词的拆分和重组。在博星网站中，电子商务教学系统、教学软件可以拆分为电子商务、系统、软件、教学四个词，这些词可以组合成"电子商务教学系统软件""电子商务教学系统""教学系统软件"。

长尾关键词是与产品本身或核心关键词相关，从其演变出来的词汇。电子商务教学除了一些必备的软件之外，可以扩展相关关键词，如电子商务教学经验、电子商务实验、电子商务专业就业等，见表 5-3。

表 5-3　关键词列表

核心关键词	间接关键	长尾关键词
教学系统	电子商务教学系统	电子商务教学计划
	电子商务教学系统软件	电子商务教学大纲
教学软件	教学系统软件	电子商务教学经验
	电子商务模拟教学软件	电子商务实验
电子商务教学软件	电子商务实验教学软件	电子商务就业
		教学系统实训
		电子商务教学平台

3．实施结果

通过优化关键词，能较好地提升搜索排名，确保在首页的前几名，如图 5-12 所示。

图 5-12　关键词优化结果

任务3　搜索引擎竞价排名

相关知识

各大搜索引擎平台的市场份额

竞价排名是搜索引擎关键词广告的一种形式，按照付费最高者排名靠前的原则，对购买了同一关键词的网站进行排名。网上调查表明：在一个搜索引擎关键词查询结果中，排名在前十的页面检索占60%~65%的访问量，位于11~20名的页面检索占20%~25%的访问量，而21名之后的检索只能分享3%~4%的访问量。

当前，国内主流的搜索引擎，百度、Google、360搜索等都推出了搜索引擎竞价排名机制。2017年8月，百度国内市场份额为74.59%，排名第一；神马第二，市场份额为10.36%；360搜索第三，市场份额为7.93%；搜狗搜索第四，市场份额为3.95%；Google第五，市场份额为1.75%；必应第六，市场份额为0.94%；其他搜索引擎的市场份额合计为0.47%，如图5-13所示。

图5-13　国内搜索引擎市场份额

在全球搜索引擎市场份额数据统计中，Google第一，市场份额为91.65%；Bing第二，市场份额为2.50%；雅虎第三，市场份额为2.32%；百度第四，市场份额为1.53%；Yandex第五，市场份额为0.86%；其他搜索引擎的市场份额合计为1.13%，如图5-14所示。

图5-14　全球搜索引擎市场份额

1．搜索引擎竞价排名定义

搜索引擎竞价排名（Pay Per Click，简称 PPC），即按每次点击付费。也有按效果付费的竞价排名，就是用户在广告主的网站上完成一次行动，则广告主需要支付广告费用。

2．搜索引擎竞价排名的优势

竞价排名打破了搜索引擎的自然排名规则，"花钱可以提高网页的排名"成为新规则，许多企业为了其网页可以放在搜索结果的前列往往肯花大价钱，其优势是不容忽视的。

1）见效快。

2）关键词数量无限制。可以在后台设置无数的关键词进行推广，数量自己控制，没有任何限制。

3）关键词不分难易程度。不论多么热门的关键词，只要企业想做，都可以进入前三名，甚至成为第一名。

3．搜索引擎竞价

企业通过百度竞价排名就会在搜索结果中有一个很好的排名位置，也更方便将意向顾客通过搜索引擎吸引到网站上，从而提高成交量。在百度中搜索"海尔"，可以看到海尔品牌推广结果，如图 5-15 所示。

图 5-15　竞价推广搜索结果

海尔公司竞价购买了"海尔"关键词，只要用户在百度输入"海尔"，就可以在首页第一的位置看到海尔的品牌推广信息。但每个搜索平台的竞价模式都不一样，下面对几大搜索平台做比较。

（1）广告位

Google 依照国外的用户搜索习惯，将天然搜索结果和关键字广告显现在左、右侧，其左侧是无法经过付费来获得非常好的排行的，这样就确保搜索结果的客观公平。关键字广告将显现在右侧。百度当前做了一些用户体验的改进，竞价结果将直接显现在左侧第一页，假如第一页无法显现完，则在第二页的右侧开端显现。这比起本来悉数显现在左侧来说无疑愈加人性化，毕竟用户不是使用百度来搜索广告的。雅虎的做法跟百度类似，不过其用一个浅色的底将竞价排行网站进行区别，更人性化一些。

（2）收费标准

Google 最低出价 0.08 元，百度和雅虎都是 0.30 元，不过格外阐明的是，这个最低出价会依据关键字的搜索量、关键字的点击率等要素进行实时调整。

（3）操作流程

百度搜索引擎在用户注册好账号后，确认预算，双方签订协议，开放后台系统后将费用加进系统，消费完毕后，协议终止。双方就"关键词、文字描述、链接"及"每次点击出价范围、每天花费上限"等达成一致意见，百度免费维护后台系统，客户可随时监督。Google 是通过代理公司运作，由代理公司相关人员进行操作。在媒体操作的投放过程中，Google 和雅虎与百度搜索引擎一致。

（4）排名原理

Google 并不是以报价作为关键字广告排行的仅有要素，而是由关键字设定的每次最高点击报价和广告质量一起决议的，因为这种排行体系奖赏定位精确、内容与关键字严密有关的广告，所以在该体系中最佳的广告方位并不一定会被出价最高的广告所抢占。也就是说，假如进行 Google 关键字广告，广告质量得分高，则出较低的报价就可以排在前面。百度在这方面要直接一些，只要你的报价出得比他人高，你的广告就能排到最前面，不过这样无疑会使用户的体验感下降。雅虎当前的做法跟百度差不多，不过现在其也在 Google 和百度之间取一个平衡点，也引进了网站质量指数的概念。

任务应用

无论是哪个搜索引擎平台，在进行竞价排名操作过程中，基本流程是一样的，由于涉及企业账户和资金存入，在此不详细说明。关键部分是做好创意编写和关键词出价，这两个会直接关系到竞价有无效果。

1. 创意编写

根据创意编写规则及相关要求，针对关键词进行合理的创意编写，让自己的关键词出现在竞价排名之中，吸引更多潜在用户关注，达到更好的推广效果。

在创意编写方面首先要考虑到这段创意与关键词的匹配度，其次需要重点考虑创意内容为用户提供服务，能够让用户产生兴趣，一定要迎合用户的需要，并间接地解决用户的问题，当然也可以适当加入诱导文字。

2. 关键词出价

对当前竞价排名的关键词，首先要确定该关键词的竞争态势和平均出价，在此基础上根据平均价格合理出价。随后，在搜索引擎中进行搜索，确认自己的关键词已经出价成功，进入竞价排名。客户还可以在搜索引擎竞价排名中查询点击数、消费金额等。

任务拓展

家乡特产搜索引擎竞价排名推广方案

1. 任务目的

通过搜索引擎关键字竞价排名实训,熟悉关键字竞价排名的流程与技巧,能够根据家乡特产的具体情况,制订关键字竞价排名的推广方案。

2. 操作步骤

1)选择搜索引擎竞价平台,输入网址进入竞价排名页面,申请账户。在开通账户时,平台客服会与用户联系、核实,并要求存入一定的预付款。

2)进入客户管理系统,进行账户架构及优化,根据分类设置推广计划。推广计划制订好后,需要对每个推广单元进行分类,推广分类和推广单元做得越详细,越有利于账户优化。

3)使用关键词工具分析并筛选质量度高且与推广计划和推广单元匹配的关键词,提交关键词。

4)进行创意编写,要体现出家乡特产的优势和特点,设计吸引用户点击的创意标题和广告语。

5)设置着陆页。着陆页的设置一定要与搜索关键词符合,同时也要符合人群的搜索需求。

6)进行价格管理设置。切勿盲目追求第一,要考虑点击价格,减少成本消耗,有时用较低的价格选择第二页、第三页也未尝不可。而且还要根据转化的成本来调整关键词的出价。

7)设置投放时间和地域。要根据销售旺季和淡季的不同设置投放时间;在地域上也要按照产品适合的季节来投放。

8)设置消费标准。例如,对于卖空调的网站,夏季是买空调的旺季,每天的预算就要高一些,冬季预算相对就可以少一些。当然这些消费标准还要确保关键词排名。

9)分析数据。每天要关注后台数据,及时分析效果。

10)及时调整,不断优化,包括优化账户结构、关键词质量度、推广时间等,还要根据行业情况适时调整。

3. 实施结果

完成家乡特产搜索引擎竞价排名推广方案的设计。

项 目 小 结

本项目由搜索引擎营销认知、搜索引擎优化和搜索引擎竞价排名共三个任务组成。主要介绍了搜索引擎营销的概念、特点、工作原理及优势等相关知识,通过对搜索引擎优化和搜索引擎竞价排名的介绍,结合任务应用与任务拓展,能够尝试实施搜索引擎营销。

思考与练习

1. **不定项选择题（至少有一个选项是对的）**

1）搜索引擎的工作原理不包括（　　　）。
　　A．在互联网上抓取网页　　　　　　　B．建立索引数据库
　　C．减除无关数据　　　　　　　　　　D．在索引数据库中搜索排序

2）搜索引擎是互联网上查找信息的重要工具，其包括（　　　）。
　　A．信息搜集　　　B．信息整理　　　C．用户查询　　　D．资料收集

3）按照搜索引擎的工作方式，搜索引擎分为（　　　）。
　　A．以"蜘蛛"程序为基础的全文搜索引擎
　　B．以人工为基础的目录索引类搜索引擎
　　C．以其他搜索引擎为基础的元搜索引擎
　　D．按点击收费的付费搜索引擎

4）搜索引擎竞价排名的主要优势有（　　　）。
　　A．见效快　　　　　　　　　　　　　B．价格低
　　C．数量无限制　　　　　　　　　　　D．关键词不受难易程度影响

5）在搜狐搜索引擎中，先单击"科学技术"，后选择"科学普及"类别，再单击"中国公众科技网"，这种搜索方式属于（　　　）。
　　A．分类搜索　　　B．全文搜索　　　C．目录检索　　　D．专业垂直搜索

2. **简答题**

1）什么是搜索引擎？
2）影响搜索引擎排名的因素有哪些？

项目 6

网络视频营销

学习目标

知识目标

1）熟识网络视频营销。
2）熟知网络视频营销的类型。
3）掌握网络视频营销的过程。

能力目标

1）能够策划微电影类型的网络视频。
2）会拍摄、处理网络视频。
3）能选择有效的平台对网络视频进行推广。

素质目标

1）能与团队成员协作开展网络视频的策划与推广。
2）培养创新精神。

案例导读

百度"唐伯虎"——中国最早成功的网络视频营销

在中国,第一个利用网络视频做营销的案例似乎已不可考证,但百度的"我知道你不知道我知道你不知道我知道你不知道"的"唐伯虎"视频宣传片,则应该属于早期相当成功的网络视频营销案例之一。

这个视频的完成和开始传播的时间大致在 2005 年的第三季度,此时 YouTube 也刚成立一年不到,更不要说中文的其他视频网站。但这段视频依然流传很广,而主要的传播渠道是 BBS。

这段广告是一段非常普通的视频短片,主角看上去是一个周星驰版的唐伯虎,利用中国经典断句难题"我知道你不知道我知道你不知道我知道你不知道",狠狠地嘲弄了那个只知道"我知道"的外国人,最后把他的女朋友都抢到了手。最终那位外国人吐血倒地,一行大字打出:百度,更懂中文!

就是这个通常无法在电视渠道播放,而且画面模糊的短片,它所产生的病毒式传播却是传统的电视广告无法想象和做到的事情:百度"唐伯虎"系列没有花费一分媒介费,没有发过一篇新闻稿,从一些百度员工发电子邮件给朋友和一些小网站挂出链接开始,只用了一个月,就在网络上有至少超过 10 万人次下载或观看。到 2005 年 12 月,已经有近 2000 万人观看并传播了此视频。这种传播并不像传统的电视广告投放那样夹杂在众多的广告片中,所有的观看者都是在不受任何其他广告干扰的情况下观看的,观看次数不受限制,其深度传播程度也远非传统电视广告可比。

案例思考:
1)什么是网络视频营销?它的优势在哪里?
2)你见过哪些网络视频?都是什么形式的?
3)你在哪些平台见过网络视频?

任务1 网络视频营销认知

相关知识

随着中国网络技术的不断发展及高速宽带网络的加速建设,网络视频成了越来越受网民青睐的网络工具,其兼具视频的感染力强、形式内容多样及互联网的互动性、传播性等优势,传达企业信息更加清晰直观,针对专业生产内容的品牌植入,让企业营销活动与网络视频达到了更好的结合。

中国互联网信息中心在北京发布第 40 次《中国互联网发展状况统计报告》,报告显示,截至 2017 年 12 月,中国网络视频用户规模达 5.65 亿户;网络视频用户使用率为 75%。其中,手机视频用户规模为 5.49 亿户;手机网络视频使用率为 72.9%,如图 6-1 所示(数据来源:CNNIC、中商产业研究院)。

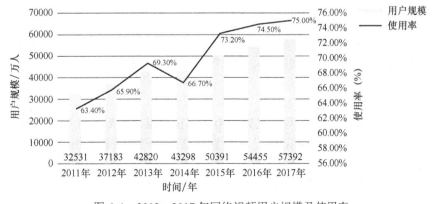

图 6-1 2012~2017 年网络视频用户规模及使用率

1．网络视频营销的概念

（1）网络视频

网络视频是指视频网站提供的在线视频播放服务。从网络技术角度，网络视频是指内容格式以 WMV、RM、RMVB、FLV 及 MOV 等类型为主，可以在线通过 RealPlayer、Windows Media、Flash、QuickTime 及 DIVX 等主流播放器播放的文件内容。

通常所说的网络视频是指在网上传播的视频资源。狭义的网络视频是指网络电影、电视剧、新闻、综艺节目、广告等网络视频节目；广义的网络视频还包括自拍 DV 短片、视频聊天、视频游戏等视频资源。

（2）网络视频营销

网络视频营销是指通过数字技术将产品营销现场实时视频图像信号和企业形象视频信号传输至互联网上，达到一定宣传目的的营销手段。网络视频广告的形式类似于电视视频短片，播放平台却在互联网，因此兼具电视广告和网络广告的双重优点。

网络视频营销的内容可以是企业产品、企业形象等直观内容，也可以是一些间接信息，如公益宣传、动画影响等。

2．网络视频营销的趋势

网络视频营销的发展包含 3 个趋势：

（1）品牌视频化

很多广告主将品牌广告通过视频展现出来，这个趋势非常明显。甚至有的广告客户亲自参与拍摄，希望通过视频营销的方式把自己的企业品牌展现出来。

（2）视频网络化

视频网络化已经成为一种趋势了。特别是随着移动互联时代的到来，网络视频将会渗透到生活中的各个方面。

（3）广告内容化

当人们看电视发现广告时，会不自觉地换台。因此，网络视频会更多地将广告生活化、人性化、情景故事化，从而最大限度地淡化硬广告式的暴力灌输，提高广告效果。例如，在影视作品《欢乐颂》中，"唯品会""三只松鼠"等不光将产品巧妙地植入剧情中，同时在网络视频播放时还适时地结合剧情出现相关品牌的互动，达到了润物细无声的广告效果。

3．网络视频营销的优势

（1）网络视频制作成本低廉

许多国外公司尝试网络视频广告的重要原因，就是网络视频营销投入的成本明显低于传统广告投入的成本。一个传统电视广告，往往投入几十万元甚至上千万元，而一个网络视频短片则几千元就能搞定。

（2）网络视频营销的目标用户精准

作为网络营销的新兴方式，网络视频营销能够更精准地找到企业想找的那群潜在消费者。例如，YouTube 上有"群（Group）"的设置，这是在网络上有着相同视频兴趣倾向的网民集合。广告商在特定的群投放产品，往往达到事半功倍的效果。例如，广告商在汽车群投放汽车视频广告，或者在这个群征集汽车相关作品，就能获得潜在汽车消费者的关注，花费不高，但收益更好。

（3）互动与主动相结合

视频营销具有良好的互动性，如 YouTube 中视频的编者和观看者之间的交流就很好地证明了这一点，观看者可利用留言与编者进行互动交流。大量的视频回复也为该节目造势，有较高争议率的节目点击率也往往高调飙升。与此同时，网友还会把他们认为有趣的节目转帖在自己博客或其他论坛中，让视频广告进行主动性的病毒式传播，让宣传片大范围地传播出去，而不花费企业任何推广费用和精力。

（4）网络视频传播快速

信息时代，网络视频像所有网络资源一样，传播非常迅速，由此引发的网络炒作不胜枚举。一段吸引人的视频可以通过网络短时间内快速传播，这是传统电视广告无法做到的。

（5）网络视频营销的营销效果可测

在大数据时代，种种营销策略都需要有数据支撑。相较于社会化媒体的营销模式，网络视频营销可以通过视频平台直接得到直观的营销数据。这些数据让企业网络视频营销的每一笔费用都可以找出花在哪里，同时为之后制定营销策略提供有力的数据支持。通过网友的视频评论，了解视频广告的得失，大大提高效果监测率。

4．网络视频营销的模式

网络视频营销主要有四种模式：视频贴片广告模式、视频病毒营销模式、UGC 营销模式和视频互动模式。

（1）视频贴片广告模式

贴片广告通常是出现在视频片头、插片或片尾，以及视频背景中的广告，是最原始也是最常见的视频营销模式，也就是人们所说的"硬广告"，用户往往比较反感。

（2）视频病毒营销模式

视频病毒营销模式最典型的案例就是曾经风靡全球互联网的《江南 Style》，带有"魔性"的旋律和舞姿犹如病毒一样让观众过目不忘。对用户来说，原生制作的带有"病原体"视频短片比贴片更具价值，因为它能让广告与视频融合为一体，与用户之间的交流更为精准，传播效果更具冲击力，与受众之间的关系更为融洽。只是这种模式所需的创意难度较大。

（3）UGC 营销模式

UGC（User Generated Content，用户原创内容）营销模式是指网友将即时的自制内容上传至互联网平台进行展示和传播。这种模式既让用户和企业的 UGC 分享变得更容易，也使得移动 UGC 成为视频营销新的增长点，典型的例子有腾讯的"V+"、优酷的"拍客"、爱奇艺的"啪啪奇"、PPS 的"爱频道"、酷6 的"白金播客"等。

（4）视频互动模式

美国的互动广告局曾将网络视频互动广告分为以下四种：交互广告、覆盖广告、邀请广告及伴随广告。在数字营销形态越来越多元化的今天，如何增强产品与受众之间的互动性，成为营销服务商及媒体平台创新的热点。不过在国内，这种广告的相关技术尚不成熟。

任务应用

1．分析百事可乐——"把乐带回家"的网络视频营销案例

每逢新年，百事可乐公司都会推出"把乐带回家"系列微电影为品牌做推广宣传。2016 年

正值猴年，百事可乐公司把最经典的美猴王形象再次搬上荧幕，邀请了六小龄童、《大圣归来》原画作者齐帅、"90后""守艺人"梁长乐共同参与推出了三部猴王情怀微电影《猴王世家》。

在视频中，六小龄童一改往日观众熟知的"美猴王"形象，以章家猴戏接班人的真实身份出镜，讲述了从田间地头到电视荧屏，章家四代人坚持用猴戏把快乐带给千家万户的故事。

2017年百事继续"把乐带回家"，请来了由宋丹丹、杨紫、张一山、高亚麟、尤浩然五人组成的国民家庭，和林更新共同演绎百事新年贺岁片《17把乐带回家》。

案例分析：春节始终承载着中国人心中一份最特殊的情愫，而百事坚持多年，终于将"把乐带回家"做成了新年营销的一个超级IP。无论是年初的《猴王世家》还是岁末重聚的"国民家庭"，都表现了百事对"把乐带回家"这一超级IP的不断挖掘和传递快乐正能量的初心。

2. 在教师的安排指导下，以小组为单位，查找资料找出一个成功的网络视频营销案例，介绍其类型及成功原因。

任务拓展

分析成功的网络视频营销案例

1. 实训目的

提高对网络视频营销的认知度。

2. 实训步骤

1）注册爱奇艺等视频网站。

2）浏览不同分类的视频列表，观看3个点击率最高的微视频。

3）对比三个视频的特点，总结受欢迎的视频有哪些共同点。

3. 实施结果

观看三个点击率高的微视频，总结制作微视频的成功所在，形成报告。

任务2　网络视频营销的实施

相关知识

网络视频营销的策略选择是实施的基础。合理地选择、运用网络视频营销策略能够更好地节约成本，从而实现企业的营销目标。主要的网络视频营销策略有以下4个。

1. 激发网民创造策略

网民的创造性是无穷的。通过视频网站，网民们不再被动接收信息，还可以自制短片，上传并分享给别人。除浏览和上传之外，网民还可通过回帖，就某个视频发表意见和评分。

因此，企业可以把广告片及一些有关品牌的元素、新产品信息等放到视频平台上吸引网民参与。例如，企业向网友征集视频广告短片，对一些新产品进行评价等，这样不仅可以吸引网友参与，同时能达到很好的宣传效果。

2．病毒视频营销策略

视频营销的特别之处在于传播精准。目标用户首先会产生兴趣、关注视频，再由关注者变为传播分享者，而被传播对象势必是有着和他一样特征兴趣的人，这一系列的过程就是对目标消费者进行精准的筛选传播。网民看到一些经典的、有趣的、轻松的视频总是愿意主动传播，通过受众主动自发地传播企业品牌信息，视频就会带着企业的信息像病毒一样在互联网上扩散。病毒营销的关键在于企业需要有好的、有价值的视频内容，然后寻找到一些易感人群或意见领袖帮助传播。

3．事件视频营销策略

事件营销一直是线下活动的热点，国内很多品牌都依靠事件营销取得了成功。因此，网络视频营销通过策划有影响力的事件，编制一个有意思的故事，再将这个事件拍摄成视频，也是一种非常好的方式。这种有事件内容的视频更容易被网民传播，将事件营销思路放到视频营销上将会开辟出新的营销价值。

4．多方整合传播策略

由于每个用户的媒介和互联网使用行为习惯不同，使单一的视频传播很难有好的效果。因此，网络视频营销首先需要在公司的网站上开辟专区，吸引目标客户的关注。其次，需要和主流的门户网站、视频网站合作，提升视频的影响力。对于互联网的用户来说，参与线下活动也是重要的一部分。因此，企业应通过互联网上的视频营销，整合线下的活动、线下的媒体等进行品牌传播。

任务应用

1．网络视频策划

（1）设定企业营销目标

制作视频之前需要设定企业营销目标，目标的设定应遵循 SMART 的原则，即具体、可衡量、可操作、现实性和时限性。

（2）了解用户的使用习惯

了解用户的自然特征、喜好、上网习惯、喜欢的视频平台，以及获取信息的渠道等；通过用户分析，企业可以知道重点推广和传播平台的渠道，根据用户的问题和困惑组织视频的内容。

（3）分析用户喜欢网络视频的原因

对于网络视频来说，视频内容是用户是否观看、转发的关键。因此要结合网络视频营销的策略让视频内容尽量包含以下六个元素：新奇元素、焦点元素、幽默元素、情感元素、励志元素、非常规元素。

2．网络视频拍摄及处理

拍摄前的准备：视频脚本、背景音乐、布景方案、演员、演员造型、道具、服装、拍摄地点等有关视频拍摄的所有细节部分进行全面的准备。

视频拍摄：手机、相机、DV 等设备均可用来拍摄视频，可以手持拍摄，也可以利用三脚架等辅助工具。

视频剪辑：

1）视频剪辑软件的选择。目前的视频剪辑软件众多，主要的剪辑软件有会声会影、爱剪辑、VirtualDub 等。

2）视频剪辑处理。视频剪辑是通过视频剪辑软件，对加入的图片、背景音乐、特效、场景等素材与视频进行重混合。视频处理是对视频源进行切割、合并，通过二次编码，生成具有不同表现力的新视频。

3．网络视频的推广

1）视频发布。将制作好的视频发布到优酷、腾讯视频、土豆等视频网站，或者分享到秒拍及直播平台。

主流的视频发布平台网站：土豆、爱奇艺、56 视频、第一视频、搜狐、优酷、酷6、腾讯拍客等。

2）视频推广。将已发布的视频分享到新浪微博、微信、QQ 等社交网站，吸引更多人观看，增加视频的曝光率。

任务拓展

家乡特产网络视频营销策划与实施

1．任务目的

掌握网络视频营销的实施过程。

2．操作步骤

1）策划家乡特产的网络营销视频。以家乡特产为视频营销目标，分析营销目标用户，进行网络视频营销策划。

2）视频拍摄与处理。对家乡特产进行拍摄并利用视频剪辑工具进行后期处理。

3）视频推广。将处理好的视频上传到不同的视频平台，并通过社会化营销媒体进行传播。

3．实施结果

完成家乡特产视频策划，拍摄家乡特产视频，上传并推广。

项 目 小 结

本项目由网络视频营销认知和网络视频营销的实施组成。主要介绍了网络视频营销的概念、趋势、模式及优势等相关知识，通过对网络视频策划、拍摄与处理及网络视频推广内容的介绍，结合任务应用与任务拓展，能够尝试实施网络视频营销。

思考与练习

1. **不定项选择题**（至少有一个选项是对的）

1）网络视频的格式有哪些（　　　）。
   A．WMV　　　　B．RMVB　　　　C．FLV　　　　D．RM
   E．MOV

2）网络视频营销是集（　　　）和（　　　）的优点于一身。
   A．电视广告　　B．百度百科　　C．网络广告　　D．新闻资讯

3）网络视频营销的模式有（　　　）。
   A．视频贴片广告模式　　　　　　B．视频病毒营销模式
   C．UGC营销模式　　　　　　　　D．视频互动模式

4）可以用于视频剪辑的软件有（　　　）。
   A．会声会影　　B．VirtualDub　　C．美图秀秀　　D．爱剪辑

5）网络视频制作完成后，可以放到（　　　）平台进行推广。
   A．微信　　　　B．微博　　　　C．邮箱　　　　D．QQ

2. **简答题**

1）什么是网络视频？
2）网络视频营销的趋势是什么？

项目 7

软文营销

 学习目标

> 知识目标
>
> 1）熟识软文营销。
> 2）熟知软文营销的类型。
> 3）掌握软文营销的过程。
>
> 能力目标
>
> 1）能够独立进行软文写作。
> 2）能运用软文进行营销推广。
>
> 素质目标
>
> 1）培养较好的文字表达能力。
> 2）培养创新精神。

 案例导读

不睡觉，人只能活五天

医学工作者都知道：
不吃饭，人可以活 20 天。
不喝水，人可以活 7 天。
不睡觉，人可以活 5 天。

可见，睡觉比吃饭、喝水更重要，睡眠有障碍的人往往出现面色灰黄、智力及记忆力下降、精神萎靡、抵抗力差、衰老过速等症状。有关文献显示：睡眠障碍者每天的衰老速度是正常人的 2.5~3 倍。美国圣地亚哥退伍军人医院的实验报告：一天的睡眠不足，就可导致第二天的免疫力下降，其中 78% 的人呈大幅度下降。

许多人有一个误区：失眠伤人，但睡得不沉、易惊醒、醒得过早等浅睡眠现象对人体伤害不大。医学论文指出：浅睡眠对衰老、智力、免疫力的危害与失眠造成的危害几乎相当。

为什么会出现睡眠障碍？原来是大脑的中枢神经出现了故障。以前解决的办法是用药物对中枢神经进行麻醉，该药物就是安眠药。近年来人类找到了更好且更安全的办法：

美国国家科学会出版的《MT的奇迹》介绍："大脑是人体的总司令部，通过其分泌的MT控制人体各系统运作和衰老程度。年轻时，其分泌量大，于是人体以年轻状态运作；随着年龄的增长，其分泌量日益下降，于是人体出现衰老。

人体处于MT含量较高的时刻，就进入修复细胞和诞生新细胞阶段。此项工作必须在深睡眠状态下进行，于是人体就进入睡眠，直至深睡眠。"

脑白金富含充足的MT。饮用脑白金2~3天后，睡不好觉的人即可享受婴儿般睡眠，的确神奇！脑白金的主要功效成分MT作为人体固有的天然物质，未发现任何副作用。美国政府FDA委托麦克博士，在荷兰针对1800名妇女，每天喝正常剂量25倍的MT，经三年观察，无一例发生副作用。

……

世界老化与癌症会议主席华特博士在其科学专著《MT的奇迹》中论述富含MT的脑白金是人类迄今为止发现的最好助眠食品后，幽默地奉劝喝脑白金者：别忘了，找一个心爱的枕头！

案例思考：

1）案例中主要介绍了哪种产品的重要性？这篇文章的主要目的是什么？

2）案例的主要观点是什么？读后有哪些感想？

任务1 软文营销认知

相关知识

在互联网时代，商品推销不仅有传单发送、上门推销等多种直白的广告形式，还有一种较为流行的软文营销，用一段动人的文字、一篇具有阅读价值的文章打动消费者，令人记忆深刻。

1. 软文营销的定义

在瞬息万变的网络市场中，软文营销的优势愈加明显，软文营销成为企业品牌形象的重要传播方式。软文是指将广告或宣传内容植入一篇文章里，让人感觉不到这篇文章是在做广告，既让读者阅读了感兴趣的内容，又实现了企业的宣传目的。这样的文章就被称为软文。从本质上来说，它是企业软性渗透的商业策略在广告形式上的一种表现，通常借助文字表述与舆论传播使消费者认同某种消费概念、观点和方式，达到宣传企业品牌、销售产品的目的。

如果说硬广告是锋芒毕露的少林功夫，软文则是以柔克刚的太极，事实上，软硬兼施、内外兼修也是有力的营销手段之一。

软文的精妙之处就在于一个"软"字，它可以潜移默化地将产品或品牌理念植入消费者心中，使消费者对产品或服务产生购买冲动和深刻印象。它追求的是春风化雨、润物无声的传播效果。例如，软文《你还记得吗？》（携程旅行网）中有一个故事这样写道：

4 年前一路北上参加中戏艺考，电话没有订到票，就用朋友的手机在携程上买了一张从上海到北京的火车票。

当时是真穷，买的还是硬座，因为前几天连续熬夜背书，刚坐上火车就开始犯困。火车哐当哐当开了一路，我也睡了一路。等醒来的时候，发现自己流着哈喇子头歪在旁边男生的身上。

就记得他耸了耸肩说"你终于醒了！我看你很累，就没忍心叫醒你……"后来知道了他的名字，后来这个男生给我当了一辈子的枕头。不说其他的了，只能说这辈子幸福算是在携程上找到的！

软文中，开头和结尾两次很自然地说起"携程"，使"携程"这个网站名称不仅给作者留下了甜蜜的回忆，也给读者留下了良好印象，如图 7-1 所示。

图 7-1　携程软文

所谓软文营销，就是指通过特定的概念诉求，以摆事实讲道理的方式使消费者走进企业设定的"思维圈"，以强有力的针对性心理攻势迅速实现产品销售的文字模式和口头传播。它常以新闻、第三方评论、访谈、经验介绍等形式，从心理上引导和影响消费者。互联网的发展，尤其是移动端使用人数的不断增加，使软文营销的传播空间和传播渠道更加宽广。

软文营销是一个系列化的营销方式。成功的软文营销需要有目的地采用系统传播策略，精心策划、层层深入地影响目标消费者，使产品宣传起到事半功倍的作用。例如，脑白金产品的系列软文先后主要有《两颗生物"原子弹"》《一天不大便，等于吸三包香烟》《人类可以"长生不老"？》《宇航员服用的"脑白金"》《不睡觉，人只能活五天》等十多篇，连续发表，产生了很好的连环促销效果。当然，一篇优秀的软文是软文营销的前提，要想发挥其最大作用，还要将软文发表到更好、更适合发挥效应的平台上。

2. 软文营销的优势

随着互联网的发展，网络推广的方式越来越多样化。软文营销，相对于其他推广方式，具有4个方面的优势。

（1）成本低，性价比高

从20世纪90年代中后期至今，软文在营销词典里就占据一席之地，曾经以较低的成本为多个产品创造了市场奇迹，广受企业热捧。

众所周知，很多实力雄厚的企业为了达到宣传效果，会选择在电视和各大网站上插播广告。数据显示，黄金时段的广告费每秒会超过10万元，平面媒体和户外媒体的广告费用依然让很多中小型企业望而却步。广告费居高不下，直接影响企业利润。媒体对软文的收费比硬广告要低得多，所以软文营销的投入产出比高。软文发布，除了需要付费的主流平面媒体和网络媒体之外，还有很多免费平台，如果企业的调研、策划、创意、撰写都到位，很有可能用免费的方式获得硬广告付费都达不到的效果。优秀的软文加上良好的策划，使软文营销凸显成本低、性价比高的优势。

（2）传播速度快

一篇优秀的软文能以其独有的构思及文笔，俘获一大批读者，使其产生信任。故事性、新闻性软文更容易令读者难忘，哪怕是一句话、一个观点对读者有启发、有帮助，读者都会截屏转发或分享给朋友，甚至有些小视频、小短文还会产生"病毒式"的快速传播，给企业站点带来超乎想象的流量或忠实"粉丝"。

（3）持续性强

软文营销持续性强主要包括三方面的含义：一是营销软文以文章的形式出现，被网络平台刊发后，除特殊情况，一般都会被长期保留。对需要该信息的目标人群而言，若需要此信息作为消费参考，比较容易搜索到。二是优秀的营销软文能潜移默化地将产品或品牌理念植入消费者心中，影响比较深远，产生的推广效果持续时间长。三是软文营销采用系列化形式，对消费者的影响持续性强。往往一篇软文之后，会跟进另一篇相关软文，产生一波接一波的递进式推广效果。

（4）更新更灵活

随着互联网的普及，软文营销在软文更新方面的优势越来越明显。首先，可以利用网络优势根据营销活动的需要随时更改软文内容并同步更新，消费者可以随时接收最新信息。软文营销与传统的电视广告、平面媒体广告等硬广告相比，没有固定时间和版面的限制。其次，移动端营销软文的图片、链接也可以根据需要随时插入，形式更加灵活、多样。

3. 软文营销的策略

（1）拟定关键词

《第41次中国互联网络发展状况统计报告》显示：截至2017年12月，我国搜索引擎用户规模达6.40亿户，使用率为82.8%，用户规模较2016年年底增加3718万户，增长率为6.2%；手机搜索用户数达6.24亿户，使用率为82.9%，用户规模较2016年年底增加4881万户，增长率为8.5%。

百度财报数据显示，2017年第一季度移动营收在总营收中占比达70%，高于去年同期的60%；同期搜狗财报显示，移动端搜索流量同比增长50%以上，移动搜索收入对整体搜索收入的贡献提升到72%。

从以上调查统计得到的结论是：搜索引擎是当今网络的主要使用工具，而且大部分的购买信息都是从百度、搜狗搜索等搜索引擎获得。那么，符合大众搜索习惯的关键词就成为顺利使用搜索引擎的重要内容。

对软文营销而言，关键词就是企业或产品要突出的关键信息或营销诉求点。文笔再好的软文，没有浏览量和曝光度，也等同于在网络世界里暗送秋波。增加软文曝光度和浏览量的有效方法之一，就是使软文能被消费者搜索到，并且软文中的企业或产品关键信息能引起消费者关注，只有这样才能在浩如烟海的网络世界中脱颖而出。为此，软文营销就要围绕搜索引擎检索与收录规律，根据营销目的，拟定出能突出营销诉求点的一个或一组关键词，并将关键词预埋在软文标题和正文中，既可以增加有效外链，又有助于搜索引擎优化，便于消费者搜索查询。例如，软文《新疆知名葡萄酒品牌大全》，拟定关键词为"新疆""新疆红酒""新疆葡萄酒"，目标消费者在搜索、寻找新疆红酒的时候，输入"新疆红酒"关键词，检索结果中就出现了这篇软文，提高了软文的点击率和曝光度，如图7-2所示。并且，从消费者心理上认为，可以在网上搜索到相关信息，意味着企业是有经营实力的，是有知名度和美誉度的，这为消费者进一步购买奠定了基础。

图7-2　软文关键词的拟定

（2）资源整合

软文营销要达到最好的效果，还需将线上与线下多种媒体资源有机整合。软文要在多个不同的媒体上发布，不能总发表在一个网站上；否则，既不利于网站优化，也不利于面向软文的阅读人群推广，更不利于扩大软文的覆盖面。一篇软文一般在 5~6 个不同的平台发布，效果会比较好。

发布软文的媒体资源，就社交应用而言，截至 2017 年 12 月，使用率比较高的平台主要有微信朋友圈、QQ 空间、微博、知乎、豆瓣网和天涯社区等。微信朋友圈、QQ 空间和微博的使用率很高，分别为 85.8%、67.8%、37.1%，成为前三大社交应用平台，微信和 QQ 空间的使用率优势非常明显，与后者已经拉开了距离。

由此可见，媒体资源不仅有报纸、电视、杂志等多种传统媒体，还有网络报纸、不同行业和不同内容的网站，以及微信、微博、QQ、今日头条等多种手机 App 资源。企业只有将传统的广告和现在的网络媒体进行结合，才能达到最终想要的效果。企业的营销网络布局越广，网民接触到产品信息的概率就越高，对潜在客户的挖掘和业绩转化越有利。

（3）借助热点事件

借助热点事件，要从以下 3 个方面着手：

首先，要将软文标题与事件紧密结合，只有这样才会被媒体编辑迅速采用，被读者关注，也会被搜索引擎快速收录，提升软文的传播力和销售力。例如，早在 2013 年 12 月的"中国经济年度人物"颁奖典礼上，小米的雷军玩笑似的与格力的董明珠打赌：如果小米 5 年内的营业额无法超过格力的话，那么他就输给董明珠 1 元；而董明珠则直接回应，一元钱不要再提，要赌就赌 10 亿元。就这样，玩笑似的 1 元赌局变成了 10 亿元。于是，此事成为热点事件，各大媒体纷纷刊载，不断发酵，随着时间的推移，先后出现《雷军和董明珠的十亿赌局，你押谁？》《两年之后再同框！雷军和董小姐究竟在打什么？》《与雷军 10 亿元赌约将到期，董明珠：要不要钱不重要，网友评论亮了！》等文章，赚足了大家的"眼球"。

其次，软文营销过程中，对于发生的热点事件一定要进行总结，发表能引起争论的观点，使读者纷纷参与进来，各抒己见并转发。当然，分析热点事件之后，还要根据结论衍生到需要推广的软文信息。

再次，将商业信息融入软文中。做法主要有三种。最巧妙的方法是以提升网站曝光率和形象为目的，几乎没有商业味道，通过热点事件来全面提升网站在读者和搜索引擎心目中的档次，为长远销售利益的实现奠定基础。比较巧妙的做法是将品牌形象植入其中，尽量淡化商业性，以扩大传播概率。最低级的做法是把商业信息直接写到软文中，往往会影响软文的效果，甚至被编辑拒绝发布。

需要注意的是：借助热点事件，标题一定要有事件主角；事件内容一定要真实；写内容一定要以图片为主、文字为辅;适当做搜索引擎优化。搜索引擎优化的做法是将热点事件和企业网站及产品信息进行整合,通过巧妙的逻辑推理,使热点事件能够有效地与营销关键词紧密相关,无论在文章的开始还是结尾,只要写进合理的关键词,再加上合适的关键词锚文本,推广效果就会有很大提升。

任务应用

软文营销策略的应用

1. 选择比较熟悉的某企业或某产品

在网上店铺中选择自己熟悉的某企业、某店铺或某产品,作为撰写营销软文的对象。

2. 了解品牌形象或用户的使用习惯

1)了解该企业或店铺的品牌认知度、忠诚度,以及用户对产品的使用习惯、用后反馈等相关信息。

2)将调查搜集到的资料进行汇总整理,掌握用户的需求。

3. 确定软文营销的内容

1)针对汇总资料,提炼最能吸引消费者的诉求点。

2)从品牌文化、产品特色、使用利益等方面入手,确定软文营销的内容。

4. 撰写营销软文初稿

从所学知识中,选择一种软文营销策略,使用该策略撰写一篇营销软文初稿并保存。

任务拓展

寻找新的软文营销策略

1. 任务目的

充分熟知软文营销的优势,认识软文营销策略在软文中的应用。

2. 操作步骤

1)搜集微信公众号中的一篇超过10万阅读量的文章,指出它的成功所在。

2)通过文章了解产品信息,分析产品优势,以及文章应用了哪些软文营销策略。

3)分析产品的定位,确定目标群体。

4)通过网络,寻找更多的软文营销策略。

5)针对该文章中推广的产品,采用新的营销策略,撰写一篇软文。

6)相互交换软文,提出修改意见与建议。

3. 实施结果

完成上述任务，进一步修改和完善所写软文。

任务2 软文标题的设计

相关知识

1. 软文标题的重要性

现代广告之父大卫·奥格威（David Ogilvy）曾经说过："平均而论，标题比文章多五倍的阅读力！"根据广告学方面的资料统计，一个好标题与一个差标题的利润相差二十多倍。而关于网络软文标题的相关统计数据更为精确，据国外研究表明，搜索者将30%的时间花在了检索标题上，将43%的时间花在了查阅结果上，将21%的时间花在了URL上，做出一次点击决定的平均时间为5.7秒。消费者往往首先看到感兴趣的标题，才会决定是否点击并进入阅读。随着信息科技的发展，大众最常用的移动端更是如此，人们随时随地浏览标题，对自己感兴趣的文章进行阅读，甚至转发分享。

在软文营销中，一个好的标题能起到画龙点睛的作用。软文标题能抓住文章的要点、浓缩文章的新颖点来吸引读者眼球，也能获得搜索引擎的青睐。

2. 设计软文标题的方法

软文标题是否吸引人眼球，直接关乎软文的点击量和浏览量、是否可以被人们记住、是否引导网站流量。如何设计软文标题？必须围绕营销主题或营销任务而展开。一般设计软文标题的方法主要有：

（1）新闻报道式标题

新闻报道式标题是为了发布企业的最新动态，以新闻报道的形式设计软文标题。企业向社会发布新的经营理念、举办产品发布会和年会、参与社会重大活动等，甚至将软文信息与社会热点事件结合的时候，都可以采用新闻式标题。因为新闻具有真实、可信、时效性强的特点，更能吸引人们的眼球。

企业产品信息要利用人们对新闻的关注度，体现一个"新"字，在第一时间发布信息，以新鲜度引起大家关注。

例如，某公司召开年会，软文的新闻式标题最初是这样拟定的："热烈祝贺××公司年会在××地方隆重召开"，平铺、直白、没有新意，不吸引人。试想，如果年会很有趣、够震撼，你会跟朋友怎么说？标题可以修改为："××年会太震撼了"，这会吸引很多点击率。再如2016年年初小米年会发布的文章标题为：《雷军吐露5年来最难忘的时刻：开心就好》，该标题突出了小米公司注重用户的感受，用户开心就好的理念，如图7-4所示。同样是年会新闻标题，为什么还要用"××人××地××时隆重召开"的句式？

又如，《圣诞节鲜花预订火爆鲜花网》这一标题的设计，就是借助圣诞节鲜花预订火爆的事件。再如，标题《红黄蓝股价暴跌48%；周鸿祎发文呼吁：家长有权利知道幼儿园发生的一切》，是结合发生的红黄蓝幼儿园虐童事件，将由此引发的股价变动等新闻内容写进标题。

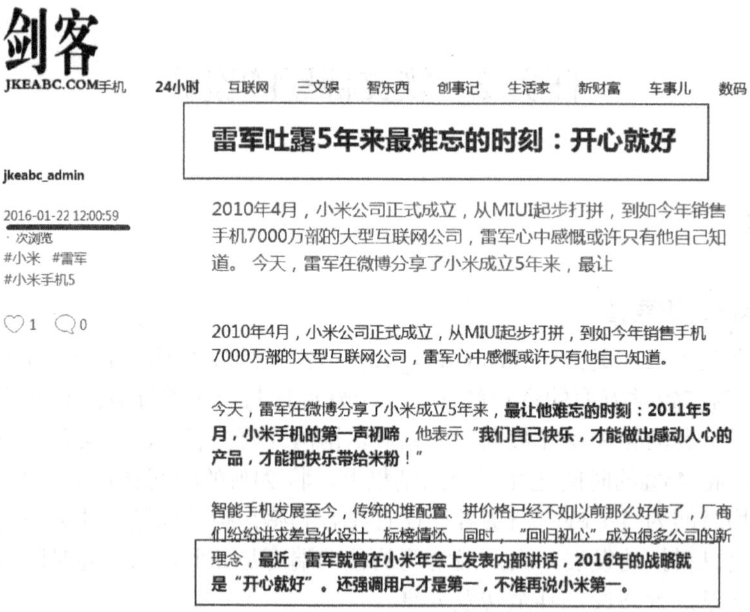
剑客

JKEABC.COM手机 24小时 互联网 三文娱 智东西 创事记 生活家 新财富 车事儿 数码

雷军吐露5年来最难忘的时刻：开心就好

jkeabc_admin

2016-01-22 12:00:59

· 次浏览

#小米 #雷军

#小米手机5

1 0

2010年4月，小米公司正式成立，从MIUI起步打拼，到如今年销售手机7000万部的大型互联网公司，雷军心中感慨或许只有他自己知道。今天，雷军在微博分享了小米成立5年来，最让

2010年4月，小米公司正式成立，从MIUI起步打拼，到如今年销售手机7000万部的大型互联网公司，雷军心中感慨或许只有他自己知道。

今天，雷军在微博分享了小米成立5年来，**最让他难忘的时刻：2011年5月，小米手机的第一声初啼**，他表示"**我们自己快乐，才能做出感动人心的产品，才能把快乐带给米粉！**"

智能手机发展至今，传统的堆配置、拼价格已经不如以前那么好使了，厂商们纷纷讲求差异化设计、标榜情怀，同时，"回归初心"成为很多公司的新理念，**最近，雷军就曾在小米年会上发表内部讲话，2016年的战略就是"开心就好"。还强调用户才是第一，不准再说小米第一。**

图7-4 小米公司年会新闻报道式标题

（2）建议式标题

建议式标题的设计主要是以专家和资深人士的口吻，建议和提醒消费者在选择商品和消费过程中应该注意的问题。这种标题一般将季节时令、流行的综艺节目、电影、电视剧、新闻、名人等元素融入其中，包装自己想要传递的信息，使消费者感觉更加时尚、更加合乎情理、更加可信，使消费者轻松购物、满意消费，也给自身品牌带来良好声誉。例如，借助曾经热播的电视连续剧《何以笙箫默》中的男女主人公拟定出的软文标题《你值得拥有的赵默笙同款短发》《创业当学何以琛：虽然忙成狗，女友也没走》，将宣传的信息快速传播。再如，《初秋这样吃，皮肤水汪汪！》这一软文标题，借助初秋时令，站在消费者美肤的角度，提供了很好的秋季保健饮食方法，如图7-5所示。

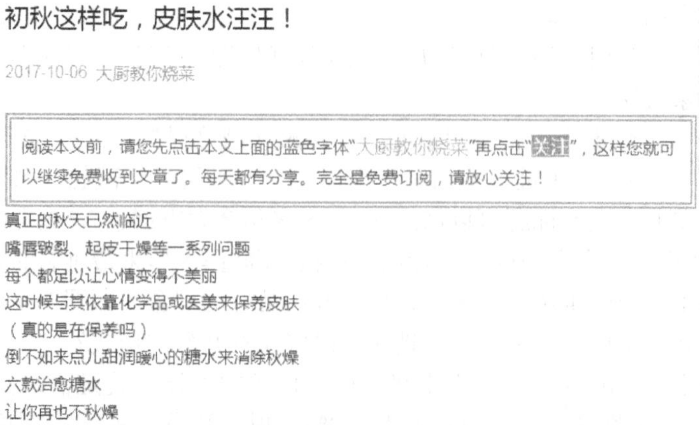
初秋这样吃，皮肤水汪汪！

2017-10-06 大厨教你烧菜

阅读本文前，请您先点击本文上面的蓝色字体"大厨教你烧菜"再点击"关注"，这样您就可以继续免费收到文章了。每天都有分享。完全是免费订阅，请放心关注！

真正的秋天已然临近
嘴唇皲裂、起皮干燥等一系列问题
每个都足以让心情变得不美丽
这时候与其依靠化学品或医美来保养皮肤
（真的是在保养吗）
倒不如来点儿甜润暖心的糖水来消除秋燥
六款治愈糖水
让你再也不秋燥

图7-5 建议式标题

(3) 问题式标题

问题式标题是通过提出问题，激发消费者的兴趣，使其进行思考，以至急于揭晓答案，从而提高文章的关注度和点击率。所以很多文章标题都带有"如何""为什么""怎样""哪些"之类的词语。例如，标题《2015年十大热点事件都有哪些？》《创业者如何做计划书，并获得VC回复？》《怎样才能逆袭》，等等。

(4) 悬念式标题

悬念式标题是为了吸引大家注意，将标题信息做悬而未决和结局难料的安排，使读者对内容的发展变化产生急切期待的好奇心理。好奇是人与生俱来的本性，标题一下子抓住消费者的注意力，使其一定要打破砂锅问到底，进而点击阅读正文内容。例如，《揭秘朋友圈微商是如何"月入上万"的!》《朋友圈那些阅读量超10万的文章，竟然都是这么起名的》。

设置悬念的方法主要有：

1) 反问法。例如，《为什么有些人用一年时间获得了你十年的工作经验？》，引人思考。

2) 反逻辑。例如，《癌症治愈吸烟》，倒果为因。

3) 抖包袱。例如，《可怕的德国人！只因简单的两个字，便可怕到天下无敌》，这个标题是要揭示德国获得世界杯冠军的主要原因，是具有"认真"这种可怕的力量。

4) 留白法。例如，《当世界上剩下最后一个人的时候，她突然听到了敲门的声音……》，此处就使用了留白法。

(5) 对比式标题

对比式标题是为了加深消费者对本企业或产品的认识，将其特点与其他产品进行对比的一种方法。对比式标题的设计要选择典型的、性质截然不同的特点，鲜明地表达事实，揭示并推广主题，使标题具有更强的点化力和感染力。具体运用中，对比的内容可以是观点、品牌、产品、企业或行业人物，以及现在与过去对比等。例如，标题《诺基亚的今天难道会是小米的明天？》，如图7-6所示。

图 7-6 对比式标题

又如，某治疗糖尿病药物的软文标题为《除了吃药，吃什么都行》，与同样是该病药品的另一软文标题《同是糖友，凭啥你大鱼大肉，我只能粗茶淡饭？》相比，更加简练、鲜明地突出优势，更具有穿透力。再如，某英语教学机构的《没有不优秀的孩子，只有不合格的父母》。这些标题都用对比的方式，将读者的眼球牢牢抓住。

（6）诉求式标题

诉求式标题是向消费者诉以愿望或需要，博得关心或共鸣，达到促进销售的目的。诉求式标题要具有感染力，主动暗示或说服消费者认真思考，并接受诉求。诉求主要分为理性诉求和感性诉求两种类型。

理性诉求是指将诉求定位于受众的理智动机，通过公正、准确、真实地传递信息，使受众经过概念、判断、推理等思维过程，理智地做出判断。进行理性诉求，往往向受众传达具有明显逻辑关系的信息，利用判断推理来加强说服力。理性诉求一般用于消费者需要经过深思熟虑才能决定购买的商品或服务，如高档耐用品、工业品、各种无形服务等。例如，《每天吃两瓣蒜既降压又暖胃》《零基础快速学建站，299元，7天学不会退全款》等。

感性诉求是将诉求定位于受众的情感动机，通过情绪和情感体验，使受众对产品形成喜悦、恐惧、爱、悲哀等态度，增强感性认识。感性诉求可以潜移默化地改变消费者的态度，在不知不觉中把所推销的产品注入受众的意识中。例如，《写给那些战"痘"的青春》《19年的等待，一份让她泪流满面的礼物》《老公，烟戒不了，洗洗肺吧》等标题都属于感性诉求。

诉求式标题一定要站在用户的角度，以一个使用者的角度来客观评价该产品。这种软文容易引起读者共鸣，刺激购买欲望。

（7）以利诱人式标题

以利诱人式标题是在标题中直接指明产品或服务的利益点，吸引读者的眼球，促使其阅读原文。

（8）颂扬式标题

颂扬式标题就是积极地肯定并称赞产品或服务的优点，使消费者产生信任，生出好感。一般在标题前加上"前人经验""强烈推荐""干货""深度"之类直接推荐的词汇，吸引读者注意。例如，《有史以来最全的笑话，笑着笑着又哭了》《教你过最有味道的中国年！》，如图7-7所示。

但颂扬式软文标题的拟定必须要从事实出发，用事实说话，不能夸大其词，否则会使目标消费者产生反感、失去信任。

（9）数字式标题

数字式标题是在标题里加入引人注意的数字，突出内容，达到意想不到的效果。数字的威力有多大？数字能给人什么样的心灵碰撞？巨大数据产生的效应是什么？数字可以震撼一个人的心灵，人们可以从数字中寻找好奇心的答案，在数字中可以得到示范和力量。例如，《月薪3千元和月薪3万元的文案区别》《坚持写作的八个方法》《中国20个行业经典购物网站》等。

（10）夸大型标题

夸大型标题是将对某件事的看法或某个观点故意夸张表达，吸引读者的注意力，促使其点击标题，产生进一步了解详细内容的欲望。例如，《春阳不晒被，千万螨虫跟你睡》《不吃这些果，得了癌症别找我》《史上卖得最疯狂、无数次断货的女装》《天啊，骨质增生害死人！》《30岁的人60岁的心脏》，如图7-8所示。

项目7 软文营销

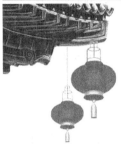

图 7-7 颂扬式软文标题

30岁的人60岁的心脏

原标题：30岁的人60岁的心脏

近几年，心血管疾病的死亡率逐渐上升。过度劳累、心理紧张、吸烟酗酒、久坐不动的生活方式成为伤害职场白领心脏健康的元凶，心血管疾病发病率呈现年轻化发展方向。令人揪心的是，80%的人不知道如何保护心脏。□东方今报记者董彩红

30岁的人，60岁的心脏

"30岁的人，60岁的心脏"这曾是一句带有夸张手法的广告词，如今却有了越来越多的真实版本。

图 7-8 夸大型软文标题

总之，标题所展示的内容要能引起消费者的好奇心。为此，要熟知目标消费人群的消费特征和消费习惯、消费心理需求。标题还要突出两个重点：一是用最少的文字，突出关键信息；二是用词准确生动，让人易懂易记。

当然，软文有好的标题并非就有很高的阅读量，也并非标题不好的文章阅读量就低，因为除了软文标题和内容，还有一些其他影响因素，如作者的知名度、"粉丝"量、宣传推广力度、"粉丝"忠诚度等。因此，在软文营销过程中，除了有好的标题，还要提高软文作者的知名度、发布软文的平台影响力、自媒体的"粉丝"量等。

任务应用

确定用户画像并设计一个软文标题

1. 选定目标产品

选定一种产品，为其设计一个软文标题。在设计软文标题之前，须对用户属性有基本了解，这就需要确定用户画像。

2. 确定用户画像

以美白产品为例，结合百度指数平台，介绍如何进行用户画像的确定。

（1）确定大致的用户画像

通过搜索引擎下拉框和各种指数（以百度指数为例），介绍如何确定"美白"产品的用户画像。

在百度指数框中输入"美白"，单击"指数搜索"按钮，就会在"趋势研究"页面看到最近 7 天和 30 天国内搜索"美白"这个关键词的数量分布，如图 7-9 所示。

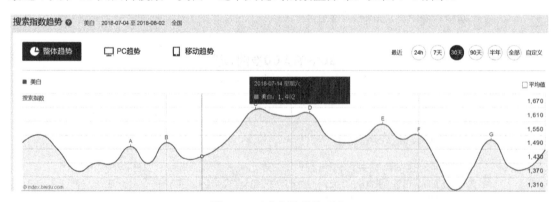

图 7-9　百度指数趋势研究

单击"需求图谱"按钮，选择最近三个月的图谱变化情况，再看近一周的图谱情况，通过显示的关于"美白"的搜索词，筛选出最能反映实际的关键词，如图 7-10 所示。

到 QQ 里利用查找功能，找到含有该关键词的 QQ 群，申请加到这些群里，还可以通过类似的方式找到垂直网站、搜索引擎的网页、论坛、贴吧等，从中了解这些人群讨论和关注的美白内容有哪些。进一步收集这些群体的年龄、职业、文化程度、收入、关注的美白问题、痛点（美白方面的苦恼）、渴望的美白效果等信息。

上述信息收集归类后，就能确定大致的用户画像。

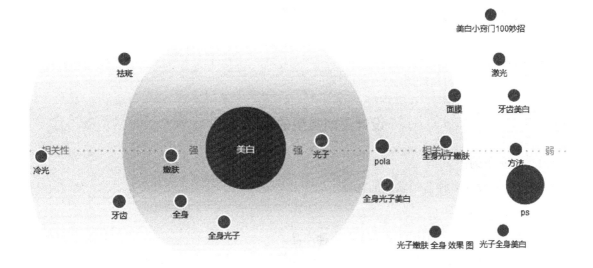

图 7-10　百度指数需求图谱

（2）完善用户画像

再细致地了解用户期望的价格水平、还有哪些需求没有得到满足等，补充相关信息，完善用户画像，得到一个有代表性的对美白产品有需求的年轻女性的用户画像，见表 7-1。

表 7-1　用户画像

姓名	小芳	年龄	26
职业	网络运营	收入	4500 元/月
痛点	皮肤总是比较黑，而且粗糙。用了好多美白产品，基本上没有效果		
支出	饭费：1000 元，服装费：400 元，房租：900 元，话费：100 元，交通：350 元，应酬：400 元		
剩余	1350 元	自我评价	没有自信心
期望	希望升职、加薪、有一个好形象。能找到一个男朋友		

（3）进一步提炼和放大痛点

站在用户的角度，设身处地地提炼和放大其对美白产品的期盼、良好效果的产生等，通过所设计的标题，使消费者形成"的确是这样""这不说的就是我""不行，我得试试"的态度。

3. 设计软文标题

1）按照上述方法，为自己选定的产品确定用户画像，完成表 7-2。

表 7-2　用户画像任务单

姓名		年龄		
职业		收入		
痛点				
支出	饭费： 服装费： 房租： 话费： 交通： 应酬： 其他：			
剩余		自我评价		
期望				

2）根据用户画像，构思一篇软文的大概思路，并为该软文设计一个标题。

任务拓展

设计不同类型的软文标题

1．任务目的

能较好地设计多种营销软文的标题。

2．操作步骤

1）3～4人一组，每组商议、选定一种产品。

2）熟练掌握特色产品的基本信息与产品优势。通过上网、实际调研等多种方式，尽可能多地了解该产品的特色、消费历史、消费过程、消费体验等多方面的信息，为拟定不同类型的标题做充分准备。

3）针对不同消费群体，分别设计不同的软文标题（标题类型不少于5个）。

4）进行小组讨论，分析各自撰写标题的优缺点，再进行修改。

3．实施结果

最后得到较为理想的5个以上的软文标题，为进一步的软文撰写做好准备。

任务3 软文的撰写与发表

相关知识

1．软文开头的撰写

俗话说："一个好的开头是成功的一半。"这句话在软文撰写中也非常适用。一个好的软文开头通常有"转轴拨弦三两声，未成曲调先有情"的效果，往往也是吸引读者继续读完全文的关键。

软文开头的撰写方法主要有以下几种：

（1）直接入题法

直接入题法就是开门见山，直奔主题。软文的开头可以直接引出主要理念或点出故事，直接说明对象。好的软文的头三句话就要让读者明白你要讲什么，因为很多读者都是浮躁的，如果他们看了一段还没明白你在说什么，那么90%的人会失去信心。所以，直接入题法要注意语言朴实、干脆利落，绝不拖泥带水。

（2）情景带入法

在文章开头渲染出营销所需要的氛围，用设定好的情景激起读者的情感体验，调动读者的阅读兴趣，很快能将读者带入情景中，甚至感同身受。例如："翻腾的火锅，飘着香味的老汤，大盘的新鲜羊肉放在桌边，一群多年不见的战友刚刚团聚，班长喊了一嗓子：'赶紧给我拿瓶茅台来，今天晚上要好好喝一顿！'"商家开头先描述这个场景，将酒场上战友相聚的热闹氛围营造出来，为后续植入解酒养肝的保健液做好了铺垫。

（3）故事导入法

故事导入法就是将富有哲理的小故事或与要表达的产品故事直接作为开头，也不失为一个容易入手的开头方式。如果是自媒体软文，也可以多用自创的段子导入。例如：

我与美女的甜蜜邂逅

今天真是兴奋了，美女+美食，不敢独享，这么快便来与各位分享了。我姓罗，大罗的罗，自去年毕业以来一直在本市一家不大的私营企业上班，每天面对着老板紧绷的脸和一帮叽叽喳喳的女同事，在这个城市我显得特别失落和孤单。

傍晚，辛苦一天的我拖着疲惫的身躯，来到市中路那熟悉的燕山巷口，走进了老巷啤酒鸭。在靠里的位子上坐下，对服务员不大不小地说了声："半只啤酒鸭。"这时从隔壁的位子上几乎不约而同地传出"半只啤酒鸭"清脆而悦耳的声音，循音侧目，四目对视，彼此略带歉意地莞尔一笑。她眉清目秀，戴着镶边眼镜……

采用故事导入法，便于吸引读者的注意力，以娓娓道来的方式展开正文的介绍。

（4）夸张刺激法

用夸张刺激的方式，一开始就把目标读者的注意力抓住，使其立刻就想一探究竟。例如：50万套！一天就卖出50万套！如此火爆的销量给低迷的市场无疑打了一针强心剂。到底是什么让顾客疯狂抢购？到底是什么让客服忙到手软？这就是21世纪高科技产品——"至尊黄金内衣"！

2. 软文正文的撰写

撰写软文正文时应注意以下几个事项：

（1）利用新闻或热点事件

可以借助一些新闻或热点事件把产品信息和目标人群结合起来，从而达到软文营销的效果。例如，《诺基亚的今天难道会是小米的明天？》一文就是借助热点事件，在正文中这样写道：

"18家被列为榜样的公司中，摩托罗拉曾经制造出了第一款现代手机，但就在该书出版两年后，1996年，摩托罗拉的手机业务被诺基亚超过，而且直到摩托罗拉的手机业务在2014年卖给联想公司，摩托罗拉再也没重回冠军宝座。当然，如你所知，诺基亚也仅仅在手机销量冠军的宝座上坐了15年，如今已被微软并购。

翻一下全球的企业史，就是一个个传统势力被新贵们超越的历史。这种超越速度在互联网行业更甚，无论是在全球还是在中国。在中国，后起者QQ打败了MSN，京东打败了亚马逊中国，淘宝打败了易趣。在全球，雅虎曾经是硅谷的传奇，但是在2000年前后，雅虎扶持并投资了一家名叫Google的小公司，不过，最终Google却成为雅虎最大的竞争对手。现在连Google也被认为是旧势力（不过这一点并未达成共识）的代表，在美国，最出风头的互联网公司变成了Facebook。而2012年，美国哥伦比亚大学战略管理博士埃里克·杰克逊（Eric

Jackson)预言说,或许 Facebook 和 Google 也会在未来 5~8 年彻底消失……"

(2)字数合理

软文营销的文章不宜过长,太长的文章会让消费者觉得啰唆、重点不突出,在短时间内无法吸引读者的眼球;反之,太短的文章在网络上不容易判断出全文的主题,无法检索到关键词。所以,较为合适的标准日常软文字数应不少于 800 字,如果是小说或故事型软文则视情况而定。

(3)图文并茂

科学试验证明,人们无论是在审美方面还是在信息接收方面都喜欢图片和文字并存的文章,一般来说 800 字左右的软文至少需要插入三张图片。文字和图片的配合会使读者在轻松阅读的同时又能掌握文章信息,如图 7-11 所示。

(4)有阅读价值

一篇优秀的软文一定要为消费者解决问题提供参考、蕴含有价值的信息。软文只有从消费者的角度出发,为消费者带来有用的信息,才会被大量转载,提高知名度。例如,《家庭教育缺了这一点,将亲手毁了孩子一生》的正文内容是:曾经认为孩子成长最重要的是快乐教育,成绩无所谓。等到孩子成绩一落千丈,险些毁了孩子一生。这时候才明白小学都不重视成绩,孩子只会越来越差。我给孩子找了一个"学霸"辅导老师,她说:"小学低年级,最重要的是学会学习。孩子在低年级过分自由,没养成良好习惯,到了高年级,问题就凸显了。"这篇软文告诉家长们应该如何关注孩子的成长。在家长们对其非常信服的时候,向大家推出了精英辅导老师。

图 7-11 图文并茂

(5)借助话题讨论

一篇优秀的软文,除了能给客户带来价值之外,还要借助热搜话题,引起更多的人进行讨论。这样的软文会吸引大量读者阅读原文并转载分享。

3.软文结尾的撰写

一篇高质量的软文不仅要有一个别致新颖的标题、非常吸引人的开头、巧妙的内容布局,还要有巧妙的结尾。软文,如果没有合适的结尾,就像在高速路上开车开得正起兴,戛然而止。轻则引来驾驶人们骂声一片,重则导致交通事故。下面介绍软文收尾的几种形式。

(1)水到渠成

在文章的内容全部表达完后,不要费心地去设计结尾,而是顺从文章的发展自然而然地结束全文。例如,《诺基亚的今天难道会是小米的明天?》的正文主要介绍基于新技术、新创意、新商业模式的先进性,一些后起公司似乎总是能打败大公司。其结尾很自然地引出以下结论:

"既然所有企业都要经历发展壮大然后盛极而衰的生命轮回,企业家与其揪着失败不放,不如东山再起，重建山头。

回头再看看诺基亚，这家 1865 年的公司，经历了多次的战略转型，数次调整自己的主营业务，虽然名字和品牌没有变，但今日的诺基亚，完全不再是 100 多年前那个靠造纸和橡胶业务发家、蜗居在芬兰诺基亚河旁边的小公司诺基亚。估计它也不想回到从前。

向死而生，我们不需要一个永远不倒闭、不衰落的小米公司和诺基亚公司，我们需要的是一个更好的小米和诺基亚。诺基亚的今天会是小米的明天吗？这个问题也许一点儿也不重要。"

（2）首尾呼应

在开头若提出问题和观点，文章正文中进行阐述，在结尾时就要点题，突出和强调问题与观点。这种形式多应用于议论性的软文，使读者加深对软文主题的印象。首尾呼应，对于关键词检索也大有益处。

（3）名言警句

很多写作在文章最后会引用名言警句或诗词等来结束自己的写作。这样的结尾往往会令人发自肺腑地深思，甚至回味无穷。

（4）祝福式结尾

祝福式结尾就是对软文中的人或事物，以第三方的口吻表示祝福。例如，听了××人的一番见解，相信各位也学到了很多，最后，祝福××公司/网站越做越好……

（5）悬念式

因为好奇所以会有新发现，人们在探秘的过程中从未止步。很多文章就利用这点来博得读者的眼球，有的在开头提出问题，在结尾却留下悬念，让读者自行寻找答案。

除此之外，结尾的形式还有点题式、议论式、反问式等。只要能升华或强调软文的内涵，达到营销目的，就是好的结尾。

任务应用

撰写一篇营销软文初稿

1. 确定一个好的标题

从任务 2 的任务拓展所完成的设计标题任务中选择一个类型的标题，作为本次任务所撰写软文的标题。

2. 撰写软文开头

按照标题风格，围绕产品特点，撰写吸引人的软文开头。

3. 撰写正文和结尾

继续撰写软文的正文和结尾。在文中要加入与产品有关的值得阅读的信息。

要求：标题抓人眼球，开头吸引人注意，正文信息有阅读价值，结尾自然合理。

任务拓展

为家乡某特色产品撰写一篇优秀的营销软文

1. 任务目的

熟练掌握营销软文的写作技巧。

2. 操作步骤

1）根据自己家乡的实际情况,选择一种特色产品。
2）明确该产品的消费群体,拟定该产品的卖点,即软文营销的诉求点。
3）制订该产品软文营销推广计划。
4）确定该产品营销软文的风格。
5）撰写营销软文。
6）3~4 人一组,分别讨论彼此的软文的优缺点,进一步修改完善。修改后在微博、微信上发表。

3. 实施结果

结合微博、微信的回复与评论,研究如何进一步提高营销软文的撰写技巧。

项 目 小 结

本项目由软文营销认知、软文标题的设计和软文的撰写与发表组成。主要介绍了软文营销的概念、软文营销的优势及策略、软文标题的设计与正文的撰写方法等相关知识,通过对软文标题的设计及软文的开头、正文和结尾的写作方法的介绍,结合任务应用与任务拓展,能较好地撰写软文并进行软文营销。

思考与练习

1. **不定项选择题**(至少有一个选项是对的)

1）软文的特点是（　　　　）。
  A．体现一个"软"字   B．润物无声
  C．春风化雨   D．潜移默化

2）软文营销的优势主要有（　　　　）。
  A．性价比高   B．持续性强
  C．费用高   D．可以任意设计

3）设计软文标题的方法主要有（　　　　）。

A．新闻报道式标题 B．数字式标题
   C．建议式标题 D．含蓄式标题
4）软文开头的撰写方法主要有（   ）。
   A．直接入题法 B．情景带入法
   C．夸张刺激法 D．数字带入法
5）撰写软文正文应注意的问题主要有（   ）。
   A．言简意赅 B．植入广告链接地址
   C．字数要多 D．有阅读价值

2．简答题

1）软文营销的优势与策略有哪些？
2）软文标题的常见类型有哪些？
3）在进行软文正文撰写中应注意哪些？
4）讨论掌握营销软文的写作方法后，怎样在自己的社交范围内进行推广。

项目 8 网络广告

学习目标

知识目标
1) 熟知网络广告的形式。
2) 熟识网络广告策划的内容。
3) 熟识网络广告制作的过程。

能力目标
1) 能够区分各类网络广告。
2) 会策划网络广告方案。
3) 能够简单制作并发布网络广告。

素质目标
1) 培养创新精神。
2) 培养与团队成员协作的能力。

案例导读

微信朋友圈广告助力 3C 新品首发

每一次 3C 新品上市都是一场硬战。企业在短暂的推广期内,不仅要尽可能地宣传品牌,还要兼顾销售转化效果。

作为最具影响力的社交媒体之一——微信朋友圈,越来越受到 3C 品牌的青睐,成为 3C 新品首发乃至预约、发售的首选平台。自 2016 年 3 月以来,以戴尔、三星为代表的多家 3C 品牌开始选择在微信朋友圈首发新品。

新品首发,首要的营销目标就是"广而告之"。微信朋友圈的广告流量可观,在腾讯社交大数据的助力下,能在短时间内帮助品牌大范围触达目标受众。仅 2016 年 3~4 月,在微信朋友圈投放的三星盖乐世 S7 Edge（见图 8-1）、戴尔 XPS（见图 8-2）等新品，每个案例的曝光量均超过 8000 万次。其中，三星盖乐世 S7 Edge 的微信朋友圈视频广告的播放次数就达 1.9 亿次，约有 3300 多万人次观看。然而，这一实现效果的周期仅有 24h。

图 8-1　三星盖乐世 S7 Edge 广告

图 8-2　戴尔 XPS 微信朋友圈广告

除了快速大量曝光，微信朋友圈广告还能帮助品牌精准触达目标用户。

案例思考：

1）什么是网络广告？网络广告有哪些形式？

2）为什么要制作网络广告？

任务 1　网络广告认知

相关知识

互联网于 20 世纪 90 年代开始进入大众的生活领域，随着网络技术的迅猛发展，互联网成为继广播、报纸、杂志、电视之后的第五大传播媒体。一些企业观察到互联网发展速度，开始尝试使用互联网进行信息交流，这一行为也使得新的广告形式应运而生。1994 年 10 月，美国《Hotwired》杂志使用互联网刊登杂志内容，并首次在网站中推出包括 AT&T（美国电话电报公司）等 14 家广告客户的网络广告，这标志着网络广告诞生。

近几年，我国网络广告进入快速增长期。根据艾瑞咨询的数据显示，截至 2016 年，我国整体网络广告市场规模已达到 2902.7 亿元，同比增长 32.9%，与 2015 年保持相当的增长速度，预计 2018 年整体规模有望超过 6000 亿元。

1. 网络广告的概念

广告顾名思义就是"广而告之"，意指通知受众某件事，以引起他们的注意。现代广告起源于英国，是为大规模商业活动广泛流行而采取的营销活动。而网络广告，简单来说就是在网络上开展的广告活动，即广告主以多媒体技术为载体，在互联网刊登或发布信息，向目标群体进行产品或服务信息的推销，并进行交互式操作的有偿传播方式。它是企业利用互联网向受众传递营销信息的手段之一。

网络广告强调的互动与双向沟通是它与传统广告的区别。网络广告以网络这一形式构建了企业与消费者之间的沟通桥梁，它帮助企业挖掘消费者的需求，使消费者对企业的好感度提升，并在此过程中使消费者产生强烈的认同感。

2. 网络广告的构成

网络广告与传统广告类似，从参与者方面来说，主要包括广告主、广告媒体、广告受众、广告信息和广告费用。

（1）广告主

广告主是指自行或委托他人发布各类免费或有偿信息的法人、其他经济组织或个人。与传统广告相比，网络广告的广告主范围更加广泛，它可以是政府、企业或个人。它既发布广告，也可以运营广告。

（2）广告媒体

广告媒体是指信息传播的载体。网络广告依赖的媒体是网络，既可以是互联网，也可以是无线终端。随着信息技术与网络的发展，互联网与无线终端已成为报纸、杂志、广播和电视之后的新兴媒体。

（3）广告受众

广告受众是指广告信息的接收者。从广义上来说，网民就是网络广告的受众。从狭义上来讲，网络广告的受众被细分为两类：一类是一般的媒体受众，即通过网络接触的人群；另一类则是目标受众，即网络广告的目标诉求群体。

（4）广告信息

广告信息是指广告传播的具体信息内容，它借助图文、音频、视频等多媒体技术，声情并茂地表现信息内容。广告信息是网络广告内容的表现形式，也是集信息采集、加工和传递的综合过程。

（5）广告费用

广告费用是指广告投放的资金。一般来说，广告信息投放到网站中都是有偿的，相较于传统广告，网络广告以效果付费，费用更低，并且因其可以精准算出受众的反馈，投资回报率更高。

3．网络广告的形式

随着网络技术的发展，网络媒体的丰富，网络广告也以多种形式呈现，为企业的产品或服务营销提供了更多的选择。

（1）文本链接广告

文本链接广告是以文字链接的广告形式。它是将文字超链接放置在网站中，访问站点的网民单击文字链接就可直接打开营销网页。文本链接广告是一种对浏览者干扰较少，但效果较好的网络广告形式。

（2）网幅广告

网幅广告是指在网页中，以创建 Flash、GIF、JPG 等格式的文件来表现广告内容。为了增强网络广告的表现力和交互性，通常使用视频的手段来表现。网幅广告形式多种多样，最具代表性的有横幅广告、按钮广告、对联广告等。

1）横幅广告。横幅广告又称旗帜广告，它是网站首页上的横向图片公告牌，当用户单击广告图片的时候，可以打开链接网页，如图 8-3 所示。横幅广告是最常见的网络广告形式之一。

图 8-3　横幅广告

2）按钮广告。按钮广告也称图标广告，它是一种面积小且应用灵活的网络广告形式，用户主动点选图标打开链接网页，如图 8-4 所示。

图 8-4　按钮广告

3) 对联广告。对联广告是指在网页左右两侧发布的竖式广告形式,如图 8-5 所示。这种形式注目焦点集中,不干涉用户浏览页面,有助于吸引用户点阅。

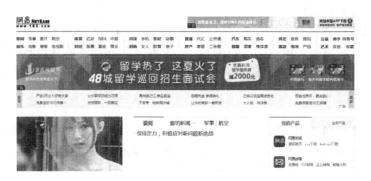

图 8-5　对联广告

(3) 电子邮件广告

电子邮件广告是指利用网络将广告发到用户电子邮箱的形式,如图 8-6 所示。电子邮件广告是一种用户许可的营销方式。大致可以分为两类:第一类,直接发送,广告主将营销信息直接推送到邮件列表的用户邮箱中;第二类,网站使用注册会员制,将客户广告连同网站提供的每日更新的信息一起,准确送到该网站注册会员的电子信箱中。

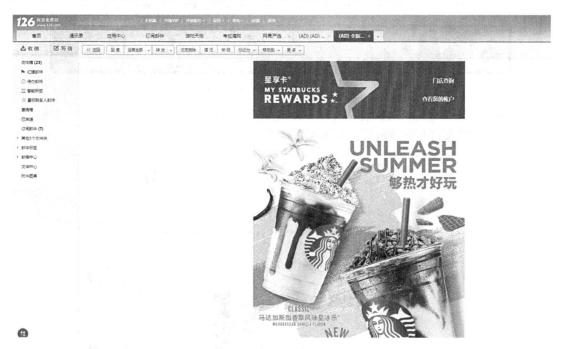

图 8-6　电子邮件广告

(4) 插播式广告

插播式广告是指用户在浏览网页时强行插入或弹出的广告页面或广告窗口,如图 8-7 所示。它类似在观看电视节目时,突然出现的强制广告,但与电视广告被迫接受不同的是,用户可以选择关闭窗口不再观看。

图 8-7 插播式广告

（5）富媒体广告

富媒体广告是指流媒体、声音、Flash 及 Java、JavaScript、DHTML 等程序设计语言编写的具有动画、声音、视频的交互信息传播方法。它是一种综合的互联网媒体形式，可应用于游戏广告、声音广告、插播广告之中。

（6）定向广告

定向广告是指网络服务商利用网络追踪技术搜集用户信息，并对网络受众进行筛选，并向不同类别的用户发送内容不同的广告信息。这种方式会根据用户的喜好投放网络广告，精准定位目标客户，提高广告的投放效果。

4．网络广告的优势

与传统广告相比，网络广告因其依赖的互联网技术的不断发展，具有得天独厚的优势。

（1）传播受众群广

互联网不受时间和空间的限制，不间断地把网页上的信息传递到世界各地。因此，只要有接入网络的设备，任何人在任何地点及任何时间都可以接收网络广告信息。

（2）媒体技术性强

网络广告以图文、音频、视频等多媒体技术和超媒体技术加载广告信息，可以使客户亲身体验产品或服务，大大增强了网络广告的实效。这是传统广告所无法比拟的。

（3）客户交互性好

互联网的交互性打破了传统媒体单向传播，客户被动接收信息的弊端，开启了与客户一对一的单独通话。在网络中，客户对于自己感兴趣的信息，通过点击阅读的方式，向广告主反馈广告效果，广告主以此直接命中目标受众，并对不同客户推送不同的广告信息。

（4）广告成本低

在成本花费方面，相较于传统广告动辄几万元甚至上亿元的广告投入来说，网络广告以效果或时间付费仅需几千元至几万元，大大减少了企业的资金投入，节约出更多销售成本。

对于中小企业来说，它们也可以在网络营销的过程中占有一席之地。

（5）营销效果可评估

传统广告方式很难准确评估出客户接受广告的效果，但是，在网络上却可以以嵌套在网页中的流量统计系统，公平、公正、精准地统计出广告的受众数，成效易于体现，有助于企业评估网络广告的效果。

任务应用

初学者通过分辨常见的网络广告形式，拓展网络广告的认知。

1．确认网络广告的发布渠道

网络广告的发布渠道一般包括网站、电子邮箱、游戏、论坛、微博、微信、QQ等，可以使用计算机或手机打开这些网络传播媒介，并在其中查找网络广告。

2．查询网络广告的形式

根据网络广告形式的介绍，查找最具吸引力和反响度最好的几种网络广告形式，如文字链接广告、网幅广告、插播式广告、电子邮件广告、富媒体广告与定向广告等。以截图并描述的方式，介绍该种网络广告的内容和形式，说明它的特点。

3．分析网络广告的付费方式

对比不同网络传播媒介，分析网络广告的付费模式，包括每千人印象成本（CPM）、每点击成本（CPC）、每行动成本（CPA）、每引导注册成本（CPL）、每销售成本（CPS）等。

任务拓展

网络广告查询

1．任务目的

掌握网络广告的形式。

2．操作步骤

1）确定网络广告的发布渠道，如网站、电子邮箱、游戏、论坛、微博、微信、QQ等。

2）调查网络广告的形式，如文字链接广告、网幅广告、插播式广告、电子邮件广告、富媒体广告与定向广告等，再进一步探讨是否存在其他网络广告形式。

3）分析网络广告的成本，如每千人印象成本（CPM）、每点击成本（CPC）、每行动成本（CPA）、每引导注册成本（CPL）、每销售成本（CPS）等。

4）编制网络广告查询报告。将网络广告调查的内容以幻灯片的方式展示并讲解。

3．实施结果

能区分各类型的网络广告，并且可发现其他网络广告的类型。

任务 2　网络广告的策划

相关知识

网络广告策划是网络广告实施的基础。网络广告策划是通过对信息的收集，确定和协调安排网络广告目标、网络广告对象、网络广告创意、网络广告的发布媒体、网络广告费用等方面，并做出全面部署与规划。它是从全局视角展开的全面运筹和总体规划。

1．网络广告目标的确定

网络广告目标是整个网络广告活动的预期目的，具有指导性作用。大致分为两种：一是品牌宣传，利用网络传播提高品牌形象，提升品牌或企业在受众心目中的知名度，如认识企业或品牌、了解产品等；二是受众关注，利用网络交互的特点，获取受众认知或达成销售目的，如浏览网站、注册会员等。

2．网络广告目标受众的确定

网络广告目标受众是网络广告营销的目标人群，是最有可能引发购买行为的消费者。网络广告信息要推广给适合的消费人群。每一个目标受众都是一个独立的个体，广告主需采取发放网络调查表或网站注册用户等方式做出细致的市场划分，并以此确定目标人群的上网频率和时间，准确把握他们的兴趣与习惯，结合网络的传播，将广告信息准确送达目标受众。一般包括基本特征、消费动机、消费行为、消费诉求等内容。

3．网络广告创意的策划

网络广告策划的重点其实就是创意。网络广告创意就是以吸引和说服目标受众，并给企业带来经济效益为出发点，为目标受众寻求一个能够从吸引、注意、兴趣、欲望到行动的理由。网络广告的使命是传递信息，网络广告要围绕广告目标，将图、文、色、音等信息有机结合，以达到吸引受众的注意力的效果。这就要求网络广告创意要达到原创性、简洁性、互动性、思想性、艺术性和文化适应性等原则。

4．网络广告媒介的定位

网络广告媒介是指发布网络广告的网站，或者是网站与其他媒体的组合。广告主如何以最少的成本花费，全面有效地将网络广告推给受众，是媒体定位的关键。为解决这一问题，主要从三个方面来考察：一是充分考虑网站与其他媒体的费用、流量、信誉度、竞争等内容，确定适合网络广告发布的媒体；二是根据网站与其他媒体的特点与类别，指定出适合网络广告活动的一个或几个媒体；三是将包含网络目标受众群体和具有影响力媒体组合，实现最大化的覆盖效果。

5．网络广告策略的制定

网络广告策略不是某一种策略，它包括网络广告发布时间和网络广告发布费用两个方面。网络广告发布时间的确定要充分考虑发布时间、时序、时限和频率，采取最少的时间成本，传递最广泛的广告信息。网络广告发布费用按照曝光、点击、效果、时间等核算，不同的网络广告媒体有不同的收费模式，依据目标群体情况及企业所要达到的广告目标来确定，既要够用，也要有力。

任务应用

1. 网络广告策划背景

采取网络调研的方式，给网络广告策划内容提供依据。

（1）设定网络广告的主题

制订网络广告策划方案，要先为网络广告设定一个主题。主题能引起目标受众的兴趣，阐明广告的目标。

（2）调查消费者的特点

调查目标受众的基本特征、喜好、上网习惯、喜欢的媒体平台及获取信息的渠道等；通过对目标受众的调查，为企业网络广告的制定与推广奠定基础。

（3）分析企业和产品的概况

详细分析广告企业、广告产品或服务、竞争与行业市场等基本状况，在此过程中提炼网络广告目标。广告主的调查包括企业概况、品牌、经营状况、产品详情等内容。

（4）分析竞争对手的情况与广告

在网络营销过程中，知己知彼百战不殆，要分析企业与竞争对手在市场中各自所处的地位，如市场占有率、竞争对手的状况、竞争对手的策略、竞争对手的广告状况、竞争对手的策略分析等。

2. 网络广告策划方案

根据调查的内容，为广告主制订网络广告策划方案，包括网络广告目标、网络广告目标受众群、网络广告的创意、网络广告的媒体选择、网络广告策略五个方面。

3. 撰写网络广告策划书

网络广告的策划内容应以网络广告策划书的方式呈现，该策划书主要包括以下内容：

网络广告策划书标题

第一部分：网络广告的调查

一、企业的概况

二、消费者的分析

三、产品的分析

四、市场的概况

五、竞争对手的分析

第二部分：网络广告的策划

一、网络广告目标

二、网络广告目标受众

三、网络广告的创意

四、网络广告媒介

五、网络广告策略

任务拓展

学校招生网络广告策划

1. 任务目的
尝试网络广告策划的过程。

2. 操作步骤
1）调查学校的基础信息。以学校招生为营销目标，开展学校、院系、专业等基础信息调查。
2）策划学校招生网络广告。根据调查到的信息，策划网络广告内容，要有针对性。
3）编制网络广告策划书。将网络广告策划的内容，以书面文件的形式呈现。

3. 实施结果
能完成网络广告策划，并且书面呈现的内容规范合理，营销策划的方案有针对性、可实施。

任务3 网络广告的制作、发布与评估

相关知识

网络广告不同于传统广告，它是新兴媒体与广告的结合。在制作、发布、评估方面有着自己的特点。

1. 网络广告的制作
（1）网络广告的设计要素
网络广告的设计要素是一种结合色彩、文字、图像、音频和视频等的综合艺术表现形式。

1）色彩。色彩辅助网络广告吸引受众，达到良好的营销效果。不同的色彩给予人的心理感受不同，因此，要根据受众的欣赏习惯、产品的特点和与艺术规律进行搭配。网络广告由多种色彩共同构成，为了达到统一的整体效果，需要选定一种色彩为主，其他色彩围绕该主体色变化，形成整体风格，便于表达广告主题和视觉传达的要求。搭配原则包括色相对比、明度对比、纯度对比、补色对比、冷暖对比和面积对比等。

2）文字。网络广告的文字不仅辅助图像便于受众理解网络广告的内容，传播网络广告信息，还美化了广告形象，吸引受众有兴趣地进行浏览。因此，文字在制作过程中，要匹配网络广告图像的风格，与广告图像和谐统一。例如，中文字体传统优雅，英文字体丰富优美，艺术字体动感个性。

网络广告中的文字通过标题、正文、标语和说明文表现出来，具有简单精良、诉求直接、便于记忆等特点。标题说明产品信息，正文分析标题信息，标语宣传产品口号，说明文举证产品资料。在设计方面，网络广告的文字要简洁，能配合图像或动画效果，风格要吻合广告

内容和受众群体等。

3）图像。从视觉角度来说，图像比文字更具有表现力。受众喜欢简单、概括、易懂的图像信息，广告主可以借助正确的图像吸引受众的注意力，并达到营销的目的。目前，大多数网络广告设计都以图像为主，文字为辅，图像有展示产品、强调特点、表现主题等作用，网络广告可以使用的图像有商标、图形、照片等。

4）音频和视频。随着计算机技术的发展，作为新兴媒介的音频和视频在网络中广泛使用，这也为网络广告的传播提供了新途径。视频将网络与电视合二为一，使网络广告焕发了新的生机，目前最常用的视频格式有 AVI、MPEG、WMV、FLV 等。无声的广告画面因音频的加入增添了新的色彩，网络中广泛传播的音频格式有 MP3、WAV、WMA、MIDI 等。

（2）网络广告的构图

网络广告的构图要遵循设计的规则。首先，服从主题内容的要求，做到形式与内容的统一；其次，广告主题要突出，视觉流转顺畅；再次，着重强调广告的诉求，构图均衡有韵律。网络广告在设计过程中，图形与文字的分割包括上下、左右、线性、中心点、重叠、散点等方式。

（3）网络广告的制作软件

网络广告的形态主要分为动态和静态两种，根据初学者的特点，选择两款学习难度较低、操作较容易的软件，即 Photoshop 和 Flash。

1）Photoshop。Photoshop 简称"PS"，用于处理像素构成的数字图像，它是由 Adobe 公司开发和发行的图像处理软件。Photoshop 主要用于图像、图形、文字、视频等各方面的图像的制作。该软件可实现图像编辑、图像合成、校色调色及功能色效等方面的功能。

2）Flash。Flash 是网页动画设计软件，它融合丰富的视频、声音、图形和动画于一体，自从 Macromedia 公司于 2005 年 12 月被 Adobe 公司收购，Flash 也就成了 Adobe 旗下的软件。Flash 为创建数字动画、交互式 Web 站点、桌面应用程序及手机应用程序开发提供了功能全面的创作和编辑环境。

2．网络广告的发布

广告主根据自身的实际情况和目标的确定，要选择适合的网络广告发布渠道。

（1）企业主页

可以构建企业网站的大公司，在自己的主页展示网络广告是一种既经济又便捷的选择。通过该种方式发布网络广告不仅有助于宣传企业产品、树立企业形象，还可以直接和用户沟通，建立良好的沟通渠道。

（2）网络内容服务商

网络内容服务商为用户提供了感兴趣的海量免费信息，成了受众范围最广的网站，如新浪、搜狐、网易、腾讯等。广泛的受众关注的门户网站成为网络广告发布的主要对象。

（3）搜索引擎

搜索引擎作为网络广告的发布渠道，采用的方法是搜索引擎优化。优化产品、企业的某关键词，提高搜索引擎的关注度，增加产品的曝光率，从而达到销售的最终目的。

（4）富媒体植入

富媒体技术的发展促成了这种新型的网络广告传播方式。把商品融入网页、游戏中的做法，可以打消受众对广告的抵触心理，以达到潜移默化的宣传效果。

（5）电子邮件

电子邮件的发布方式就是将产品或企业的信息附加到邮件信息中，传播给受众，以使受众关注与点击。采用这种方式发布网络广告时,可在邮箱的页面中直接展示,也可将广告信息以邮件的方式传递给受众。

(6) 微博、微信

微博、微信是在网民中应用广泛的新兴网络媒介,通过发布、阅读、转发、评论等方式,可以对网络广告信息进行推广,以达到关注与销售的目的。

(7) 移动通信设备

随着移动通信技术的普及运用,移动通信设备已成为一种重要的网络广告传播途径。网络广告在传播过程中,采取一对多的方式,将产品、企业的信息传递给广告受众,引发受众的关注。

3. 网络广告的评估

网络广告的评估是指对网络广告传播效果的测评。根据一定的指标与方法,通过一系列操作,分析并评价网络广告活动的效果。

(1) 曝光量

网络广告被展示一次,就称为一次曝光,以此来统计网络广告的曝光量。一般,网络广告的曝光次数可说明该广告的访问热度。通常在统计曝光量方面是按照时间来确定的,如小时、天、周、月等。

(2) 点击量、点击率

网络广告被网民点击的次数称为点击量。点击量与曝光量之比,称为点击率,点击率反映了网络广告对网民的吸引力。通常网络广告投放时主要考虑的就是点击率。

(3) 到达率

网民通过点击网络广告到达网站的比例称为到达率。到达量与点击量之比就是到达率。这一指标通常被用来说明网络广告点击的质量,以及判断广告的加载效率。

(4) 转化率

到达网站的网民注册或购买的比例称为转化率。转化量与到达量的比值就是转化率。反映广告的直接收益状况的判断标准就是转化率。

任务应用

1. 网络广告的构成要素

围绕网络广告策划书中的主题,搜集符合该主题的网络广告的图片、文字、音频、视频等资料。

2. 网络广告的设计

(1) 网络广告的创意

网络广告要对搜集的图片、文字、音频、视频等元素开展创意,本着广告诉求为先,融合目标对象的人文心理特征、目标对象的消费行为、产品特点、互动性强等方面的特点开展创意。

(2) 网络广告的版面

网络广告的设计要把握好视觉的流程,以达到信息最大化的传播。围绕广告的主题和创意，将图、文、色、音、像完美结合。网络广告在构图方面要注重视觉美感、突出主题、增加亮点、关注亲和力、保留空白区域等方面的要求。

3．网络广告的制作

选择适合企业的网络广告形式，如静态或动态，依据设计的要求，开展网络广告的制作。

4．网络广告的发布

制作完成的网络广告依据企业的经济实力与营销目标，选择恰当的网络广告发布渠道。

任务拓展

制作电商网站"双十一"网络广告

1．任务目的

掌握网络广告的制作过程。

2．操作步骤

1）确定网络广告的产品和主题。
2）搜集网络广告的构成要素。
3）围绕"双十一"促销和素材，创意和设计网络广告。
4）使用 Photoshop、Flash 等软件制作网络广告。
5）挑选恰当的渠道传递广告信息。

3．实施结果

能完成网络广告设计、制作和预发布，广告制作精美，能达到营销的目的。

项 目 小 结

本项目由网络广告认识、网络广告的策划及网络广告的制作、发布与评估组成。介绍了网络广告的种类、优势、策划、设计、制作、发布与评估等方面的知识，初学者可以结合任务应用与任务拓展，能够简单开展网络广告营销。

思考与练习

1．**不定项选择题**（至少有一个选项是对的）

1）网络广告的形式有（　　　）。

　　A．横幅广告　　　　B．富媒体广告　　　　C．对联广告　　　　D．定向广告

2）静态网络广告设计包括（　　　）
　　A．视频　　　　　B．色彩　　　　　C．图像　　　　　D．文字
3）被用来说明网络广告点击的质量，以及判断广告的加载效率的指标是（　　　）。
　　A．点击率　　　　B．曝光量　　　　C．到达率　　　　D．成交率
4）制作网络广告的软件有（　　　）。
　　A．Photoshop　　B．Illustrator　　　C．Flash　　　　　D．Dreamweaver
5）网络广告投放的渠道有（　　　）。
　　A．网站　　　　　B．微博　　　　　C．邮箱　　　　　D．微信

2．简答题

1）什么是网络广告？网络广告有哪些优势？
2）网络广告策划的内容有哪些？
3）网络广告评估的指标是什么？

项目 9

病毒营销

 学习目标

知识目标
1）识记病毒营销的含义及特点。
2）熟记病毒营销的基本要素。
3）牢记病毒营销的策划步骤、流程和传播途径。

能力目标
1）能选择合适的病毒营销传播途径。
2）能按照病毒营销实施步骤为企业进行策划。

素质目标
1）能与团队成员协作开展病毒营销的策划与推广。
2）培养文案创意和写作的能力。

 案例导读

网络力量助推情感营销——多芬：传播女性美

多芬于 1957 年在美国诞生，从事美容行业 60 多年，是全球著名的女性品牌，是联合利华最有价值的品牌。多芬推出的一部视频短片——"我眼中的你更美"，旨在寻求一个答案：在自己和他人眼中，女性的容貌到底有何差异？

多芬的调研报告显示，全球有 54%的女性对自己的容貌不满意。吉尔·扎莫拉（Gil Zamora）是 FBI 人像预测素描专家。在短片中，他和受访女性分坐在一张帘子两边，彼此看不见对方，吉尔·扎莫拉根据女性对自己容貌的口头描述勾勒出她的模样。然后，吉尔·扎莫拉根据陌生人对同一女性的容貌口头描述再描绘一张画像。之后，他把两张素描画摆放在一起做比较，结论是一个女人在他人眼里要比在她自己眼里美丽得多。

短片推出后的第一个月就获得了 380 万次转发分享。视频短片打动了消费者的内心。随后两个月内,多芬的 YouTube 频道新增了 1.5 万个订阅用户。此外,短片也影响到传统媒体,令纸媒、广播新闻竞相报道,甚至引发了一系列线上讨论。更令人意外的是网上出现了不少模仿视频。2013 年 6 月,多芬和广告代理商奥美获得了戛纳国际创意节全场钛狮奖,毋庸置疑,这是病毒营销的一次巨大成功。多芬作为一个偏"女性化"的品牌,诚恳地告诉女性受众"你们比你想象中要美丽",无疑让女性很受用,自然传播效果也就很好了。

这部广告片不仅令人振奋不已,还创造了线上营销纪录,推出后仅一个月内,浏览量就突破了 1.14 亿。它推崇的美是自然的,是由女性自己积极创造的、可以带给自己自信、由内而外散发出来的美。

案例思考:
1)什么是病毒营销?
2)病毒营销的传播途径有哪些?

任务 1　病毒营销认知

相关知识

提到"病毒营销"一词,人们马上联想到计算机病毒,但是两者是有本质区别的。没人喜欢自己的计算机出现病毒,可见病毒是不受欢迎的。但病毒营销作为网络营销的一种方法,常被用于进行网站推广、品牌推广等,通过社会人际网络提供有价值的产品或服务,将信息像病毒一样传播和扩散,利用快速复制的方式传向广大受众。"让大家告诉大家",通过别人为你宣传,将最好的消费者变成推广者,实现"营销杠杆"的作用。

1. 病毒营销的概念

(1)病毒营销

病毒营销是指发起人发出产品的最初信息到用户,再依靠用户自发的口碑宣传,其最大特点在于再次传播。由于原理与病毒传播类似,经济学上称为病毒营销,是网络营销中一种常见而又非常有效的方法。由于这种传播是用户之间自发进行的,因此几乎不需要费用。

病毒营销的核心词是"营销",并非真的以传播病毒的方式开展营销,而是通过用户的口碑宣传网络,信息像病毒一样传播和扩散。它不仅不具有任何破坏性,相反还能为传播者及病毒营销的实施者带来好处。因此,病毒营销也可以算是口碑营销的一种,它是利用群体之间的传播,从而让人们建立起对服务和产品的了解,达到宣传的目的。

(2)口碑营销与病毒营销的区别

作为网络营销惯用的两种营销手段,口碑营销和病毒营销这两种方式操作简便且效果明显,受到了越来越多商家的青睐。但是有很多人经常把它们混为一谈,称之为"口碑病毒营销"或"病毒口碑营销"。虽然它们有很多相似之处,但两种网络营销手段有着本质的区别。下面从两个方面进行比较,见表 9-1。

表 9-1　口碑营销与病毒营销的区别

区　别	口 碑 营 销	病 毒 营 销
从传播动机和观点方面区别	基于信任,传播的内容是传播者了解并认可的,对内容负责	基于有趣,传播的内容几乎是传播者不了解的,出于新鲜有趣,不对内容负责
从传播效果方面区别	满足的是美誉度,通过现身说法达到信任和认可	满足的是知名度,通过高曝光率达成广泛认知,不代表认可

两者的区别,其实理解起来非常简单。从古至今口碑一直存在,而口碑主要解决的问题就是美誉度,如以前盛传的"肯德基的变种鸡有六个翅膀",就是美誉度问题;而"开心网"为人所知的方式就是通过病毒营销,解决的是知名度问题。于是大家可以明白,什么时候用病毒营销,什么时候用口碑营销,怎样的方式更能满足企业当前的营销需要。

2. 病毒营销的特点

病毒营销是通过利用公众的参与热情和人际网络,让营销信息像病毒一样传播和扩散,营销信息被快速复制传向数以千万计的受众,其特点如下:

(1) 传播速度快

人们熟悉的大众传媒发布广告的营销方式是"一对多"的辐射状传播,至于广告信息是否真正到达了目标受众无从考证;病毒营销是自发的、扩张性的信息推广,它是被消费者通过类似于人际传播和群体传播的渠道,将产品和品牌信息传递给与他们有着某种联系的个体。例如,目标受众读到《教你如何吃垮必胜客》的邮件,第一反应就是将它转发给好友、同事,无数个参与者的转发就构成了几何倍数的传播力量。

(2) 接收效率高

大众传媒在投放广告时难以克服以下缺陷,如信息干扰强烈、接收环境复杂、受众戒备与抵触心理严重等。例如,同一时段的电视有各种各样的广告同时投放,特别是同类产品"撞车"现象,大大减少了受众的接收效率;而病毒营销是受众从熟悉的人那里获得或主动搜索而来的,他们会以积极的心态接收信息,接收渠道如微信、短信、邮件、论坛等。病毒营销高效率接收的优势,使得其尽可能地克服了信息传播中的噪声影响,增强了传播的效果。

(3) "病原体"有吸引力

这里的"病原体"是指第一传播者传递给目标群体的信息是经过加工的,受众看到的不是纯粹的广告信息,这样的产品和品牌信息对目标群体有很大的吸引力。商家利用消费者的参与热情进行营销推广,目标消费者受商家的信息刺激自愿参与到后续的传播过程中,原本应由商家承担的广告成本转嫁到了目标消费者身上,因此对于商家而言,病毒营销几乎是无成本的。例如,网络上盛极一时的"流氓兔"证明了"信息伪装"在病毒营销中的重要性。

(4) 更新速度快

产品有生命周期,网络产品也有自己独特的生命周期。病毒营销的传播过程通常呈"S"形曲线,开始很慢,当其扩大至受众的一半时速度加快,接近最大饱和点时又慢下来。针对病毒营销传播力的衰减,商家一定要在受众对信息产生免疫力之前,将传播力转化为购买力以达到最佳销售效果。

3. 病毒营销的基本要素

病毒营销描述的是一种信息传递战略,包括任何刺激个体将营销信息向他人传递、为信息的爆炸和影响的指数级增长创造潜力的方式。这种战略像病毒一样，不管"病毒"最终以何种形式来表现，它都必须具备基本的感染基因。"病毒"必须是独特的、方便快捷的，并能让受众自愿接受且自愿传播的。例如，病毒营销的经典范例 hotmail 就是利用快速复制的方式将信息传向数以千计、数以百万计的受众，形成既简单，效果又超好的营销战略。那么怎样才能达到这种如病毒侵入的效果，却又不引起反感和恐惧呢？掌握病毒营销的基本要素十分必要。

（1）提供有价值的产品或服务

时下比较流行的一个词叫"吸引眼球"，病毒营销人员就是利用一些免费服务或免费的、低价的产品来刺激高涨的消费兴趣。在市场营销人员的词汇中，"免费"一直是最有效的词语，大多数病毒性营销计划提供有价值的免费产品或服务来引起注意。例如，免费的电子邮件服务、免费信息、免费"酷"按钮、具有强大功能的免费软件（可能不如"正版"强大）。"便宜"或"廉价"之类的词语可以产生兴趣，但是"免费"通常可以更快引人注意。"免费"吸引消费者的眼球，然后消费者会注意到你出售的其他商品。消费者带来了有价值的电子邮件地址、广告收入、电子商务销售机会等。提供并卖出商品才可以赚钱。

（2）提供无须努力便可向他人传递信息的方式

医学上提到的"病毒"只在易于传染的情况下才会传播。因此，病毒营销中携带营销信息的媒体必须易于传递和复制，如网站、图表、即时通信、电子邮件、软件下载等。病毒营销在互联网上得以极好地发挥作用正是因为即时通信容易且廉价，数字格式使得复制和粘贴更加简便。从病毒营销的角度来看，只有把营销信息简单化、简短化，信息才能更容易传输。

（3）信息传递范围容易从小向很大规模呈几何倍数扩散

要使病毒营销信息快速扩散，传输方法必须从小到大迅速改变。Hotmail 模式的弱点在于免费电子邮件服务需要有自己的邮件服务器来传送信息，如果这种战略非常成功，就必须迅速增加邮件服务器，否则将抑制需求的快速增加。如果在病毒复制之前就扼杀了主体，就什么目的也不能实现了。只要提前对增加邮件服务器做好计划，就没有问题。所以，病毒模型必须是可扩充的，并且是容易扩充的或自动扩充的，能使病毒信息传递范围从小向很大规模呈几何倍数扩散。

（4）利用公众的积极性和行为

利用公众的积极性巧妙地实施病毒营销计划。2017 年 8 月 21 日，《战狼 2》票房正式突破 51 亿元大关，将国产片最高票房纪录推上了一个新台阶，成为全球单一市场单片票房第三名，成功进入全球电影史票房排行前 100 名，成为中国电影现象级大片。这部电影一开场就紧紧地抓住了观众的眼球，极好地调动了公众的积极性，取得了票房和口碑的巨大成功。

（5）利用现有的资源进行网络传播

大多数的人都是社会性的，社会科学家告诉人们，每个人都生活在一个 8~12 人的亲密网络之中，网络之中可能是朋友、家庭成员和同事，根据在社会中的位置不同，一个人的网络中可能包括几十个、几百个或数千个人。

（6）利用他人的资源

最具创造性的病毒营销计划就是利用他人的资源达到自己的目的。电影《战狼 2》火爆上映，一时间成为网络热点。哪里有热点，哪里就有谣言。在此期间，手机用户随便打开任何 App 都呈现有关《战狼 2》的消息，今日头条上、微信朋友圈，各种战狼 3 剧情预测和各种营销段子等，到处都是围绕《战狼2》的消息。甚至微信里还收到过别打开《战狼2》链接，它是一个新型病毒的提醒，就连公安的认证官网上都转发了这条信息，还是连发2条，如图9-1所示。

这个病毒是不是真的，怎么预防啊？随着网友的进一步探查，最终弄明白了，这个链接的确是病毒，但不是会盗钱财账号的病毒，而是借势的病毒营销，人们的每一次转发，都会为后面出现的那些营销号带来流量，从而带来可观的收入。

这就是典型的利用了他人资源，让受众在已有的感性认识基础上不自觉地为产品买单，如图9-2所示。

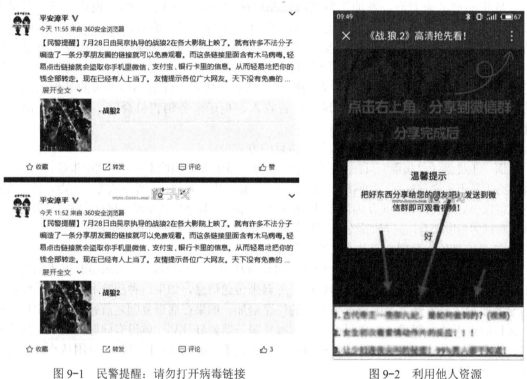

图9-1 民警提醒：请勿打开病毒链接　　　　图9-2 利用他人资源

在制订和实施病毒营销计划时，应该进行必要的前期调研和有针对性的检验，以确认病毒营销方案是否满足以上6个基本要素。一个病毒营销战略不一定要包含所有要素，但是，包含要素越多，营销效果就会越好。

任务应用

病毒营销策划者要自己着手策划病毒营销方案，必须能挖掘到企业关注的利益点，同时也必须是消费者、市场和社会关注和感兴趣的焦点。当方案足够吸引新闻媒体和读者的眼球时，这样的方案才有成功的可能。

（1）分析"吃垮必胜客"的病毒营销创意案例

必胜客采用一份题目为《教你如何吃垮必胜客》的帖子，里面介绍了盛取自助沙拉的好办法，巧妙地利用胡萝卜条、黄瓜片和菠萝块搭建更宽的碗边，可一次盛到七盘沙拉，同时还配有真实照片，如图9-3所示。

图9-3 如何盛取自助沙拉

必胜客为了推广自助沙拉，利用了大多数人都有的想占便宜的心理。找到这个点后，创作一个名为《教你如何吃垮必胜客》的文案，教读者如何盛沙拉最多，还配了图片，有图有真相，让读者相信方法可行。这个文案在一些白领邮件中一经传播，很多人都想去体验一番。

从必胜客营销创意案例中，请你总结出病毒营销操作的步骤。

（2）以小组为单位，进行一次病毒营销策划，见下面的"任务拓展"。

注意解密病毒营销的"6P"方法体系，如图9-4所示。

图9-4 病毒营销的"6P"方法体系

策划过程要深思熟虑每个关键点，如对于事件可行性的把握、对于传播人群的精确分析、各种资源的有效配合、传播节奏的有效控制，以及最终可量化的转化等。

任务拓展

"每天节能一小时"病毒营销策划与实施

1．任务目的

让学习者了解并认识自然环境状况，了解当今世界的环保大事，能领悟、体会气候变化带来的威胁，唤起学习者节约能源、保护家园的意识，增强使命感。

2．操作步骤

1）熟悉"地球一小时"活动的由来。通过对活动的了解，反思自己和身边存在的浪费现象。提高学习者的环保意识和实践参与能力。

2）围绕主题，大力宣传。充分利用各种社会化媒体进行病毒营销，要求尽可能多地包含病毒营销的基本要素。

3）加强互动沟通，号召全民参与，使每个人都意识到这项活动对开创健康、绿色、幸福生活的重要性，自觉、主动、踊跃地参与到活动中来。

3. 实施结果

活动时间为 10 天，各小组要做好活动记录并进行经验总结。将活动开展情况（包括参与的人数、影像资料、媒体报道、选用的信息传播渠道、效果等）整理成电子版上传至邮箱。

任务 2　病毒营销的实施

相关知识

病毒营销是一种网络营销方法，具有自身的基本规律。成功的病毒营销策略必须遵循病毒营销的基本思想，充分利用外部网络资源（尤其是免费资源）扩大网络营销信息传递渠道。

同时，要充分认识病毒营销的一般规律，包括：为用户免费提供有价值的信息和服务，而不是采用强制性或破坏性的手段；在进行病毒营销策略设计时要对可利用的外部网络营销资源进行评估；遵照病毒营销的步骤和流程；不要指望病毒营销方案的设计和实施完全没有成本（病毒营销的实施过程通常是无须费用的，但病毒营销方案设计是需要成本的）；病毒营销信息不会自动在大范围内传播，进行信息传播渠道设计和推动是必要的。

1. 成功实施病毒营销的步骤

要想做好病毒营销，需要遵照一定的步骤和流程，这样才能更具有计划性和可操作性。尽管每个网站具体的病毒营销方案不同，但在实施过程中，一般都需要经过以下 5 个步骤，认真对待每个步骤，病毒营销才能最终取得成功。

1）整体规划病毒营销方案。
2）借势——找到事件传播的土壤。
3）设计好信息源和信息传播渠道。
4）发布和推动信息——给病毒传播一个原动力。
5）跟踪和管理营销效果。

2. 病毒营销的策划流程

1）决定要干什么。开始策划前首先要确定目的。病毒营销是宣传品牌，还是吸引客户购买，或者是为了增加某个网站的流量。
2）分清楚用户是谁。病毒营销的通路决定了其人群覆盖力度是很强的。这就要求策划者必须进行人群细分，知道谁是最有价值的人，他们有什么特征和共性。
3）挖掘兴趣点。认真分析用户群体的兴趣点，是"营销创意"的真正开始。
4）通过什么途径去推广。现在已经知道了想干什么，也知道了用户是谁，并且有了一个绝佳的创意，那么该考虑通过什么途径去进行推广了。

3. 病毒营销的传播途径

在医学上，病毒的传染是需要传播渠道的，病毒营销与医学上的病毒传染一样，需要有一定的传播途径。传播途径对病毒营销推广是否达到预期目标起着决定作用。

早期病毒营销的传播途径主要有 6 种。

（1）即时通信工具

即时通信工具是最易于传播的途径，主要是通过 QQ、MSN 等快速传播。即时聊天软件是可以在两名或多名用户之间传送即时消息的网络软件，大部分的即时聊天软件都可以显示联络是否在线。使用者发出的每一句话都会即时显示在双方的屏幕上。

（2）社区论坛（BBS）

社区论坛已成为众多的话题源头，找对应的论坛进行推广是比较常见的途径。论坛帖首发抛出话题，通过置顶推送引发关注，话题抛出方组织网络水军跟帖，制造哄抬人气，转发到更多的论坛和媒体渠道，大范围扩散，激发了网民的参与热情，形成再创造和再传播，成就热点。贾君鹏事件就是在百度贴吧魔兽世界吧酝酿扩散开的。做好推广，借助论坛讨论热点，从而达到论坛营销，能起到事半功倍的效果。

（3）博客与微博

博客是一种非常普及的能给予用户极大参与空间的在线媒体，其最大特点是赋予了每个人创造并传播内容的能力，具有参与、公开、交流、对话、社区化、连通性等特征。微博营销是病毒传播的最好方式之一，现在在企业网络营销中越来越占据重要地位。在信息化时代，谁能最先抓住机遇，就能抓住用户，抓住用户也就有了利益。

（4）短信

特别是免费的短信，如羊年春节广西日报微博、微信、客户端新媒体三大平台，就第一时间推送全区各地过年盛况，开始"过大年啦"话题，与网友互动等，并在后面带有自己的网址，起到了很好的宣传推广作用。

（5）电子邮件

通过邮件的附加信息和签名，都可以进行有效的传播。例如，"吃垮必胜客"的邮件，里面介绍了盛取自助沙拉的好办法。很多收到邮件的网友都在第一时间把邮件发给自己身边的亲友或同事，并相约去必胜客一试身手。这次病毒营销，必胜客获益颇多。

（6）视频

将制作好的视频发布出去，通过置顶推送引发关注，制作方组织评论，制造人气，形成关注，使得视频内容通过更多视频媒体、微博、QQ 等多范围、多渠道扩散，通过有组织的引导和网民自发的兴趣，展开发散讨论，扩散话题和内容的范围，形成再传播，引导再创造，成就热点。例如，高铁跑男世纪求婚案例，内容的策划和生成借势这个社会热点，引发全民的情感共鸣后很快在社交媒体上形成大批量的转发，总阅读量达 2000 多万，累计点击量近千万。

随着更多传播手段的出现，让病毒营销获得了更大的施展空间，如图 9-5 所示。

图 9-5 病毒营销的新途径

值得注意的是，不同的途径对广告信息设计的要求有所不同，有的硬广告就行，有的就需要做成软文形式，但不管选择哪一种途径，实际上都是对互联网流量平台的选择。

任务应用

1. 规划病毒营销方案

（1）准备好病毒体

病毒体是指与产品相关的素材，包括文字、图片、视频、电子书等，要让受众可以生动形象地看到该新闻，有一种能触动心灵的消费欲望。只要善于挖掘这种有冲击力的优势产品的亮点、卖点，营销就成功一半了。

（2）准备好病毒源

在推广产品之前就要想好产品的推广方案，即产品的创新点和亮点，让新闻一发出就跟病毒一样迅速传播开来，瞬间爆发病毒源，打造成功的营销事件。

（3）准备好病毒载体

病毒的载体很重要，要准备好病毒载体，需要确认以下问题：该文章发布到哪些平台最有效果？哪些平台的人群对这方面信息感兴趣，可以帮商家无限传播？哪些平台可以无限放大、炒作该新闻？如果别人都看不到，再好的营销方案都没用，所以载体是非常重要的。

2. 制造病毒

制造病毒的前提条件是"病毒"有强大的传播力。怎样才能做到呢？可以从以下几方面入手：

（1）免费和吸引

免费和吸引就是利用消费者趋利的心理，将实惠的信息传播出去，让消费者广而告之，免费做广告。例如，我们前面提到的"吃垮必胜客"就是通过邮件的方式走的免费路线。2010年的"KFC事件"轰动一时，也是因为其秒杀活动的优惠力度太具诱惑力，通过下载店家提供的电子优惠券，就可以半价购买全家桶。消费者奔走相告，电子优惠券以病毒形式传播开来，人们蜂拥而至，肯德基却拒绝为消费者兑换。肯德基秒杀门一事在一定程度上影响了肯德基在市民心中的良好形象，这对肯德基日后的正常营业带来了严重的负面影响。

（2）娱乐

娱乐是很容易引发病毒效应的，很多搞笑的图片、视频等都是吸引用户上网的原因，也是用户最愿意传播的内容之一。

（3）情感

从用户的心理需求入手引发关注，产生口碑效应，从而引导用户进行病毒传播。要找准情感爆发的切入点。

（4）邀请推荐

邀请推荐方法在注册类产品的推广上非常有效，比较典型的就是"开心网"，由于它本身不能自由注册，通过邀请他人注册，增加游戏金币的驱动效应，促成了病毒营销的成功。而论坛社区在增加了有奖推荐注册机制后，注册量也出现大增的趋势。

此外，能引起关注和兴趣的投票、逢年过节的问候祝福信息，都是制造病毒的好素材。关键是利用该方法制造病毒要注意提供的内容应富有创意，有趣味性且非常友好的界面内容才能被传播。

3．发布病毒

病毒制造好后，就需要发布病毒，在这个环节需要注意的技巧有几个方面：找准"易感"人群、选择好发布渠道、给传播者一个理由（传播动力）、简便易行的传播方式等。

4．更新病毒再传播

由于病毒营销是有周期性的，传播力会随着时间的推移衰减。因此，要想让公众持续参与并传播，及时更新病毒，不断植入新内容吸引眼球非常重要。例如，"百变小胖"之所以能够经久不衰，就是因为持续不断地带给观众视觉的惊喜，才引来大量关注。

任务拓展

为家乡的特产进行病毒营销策划

1．任务目的

掌握病毒营销的实施过程。

2．操作步骤

1）规划家乡特产的病毒营销方案。以家乡特产为目标，分析营销目标用户，进行病毒营销策划。

2）制造并发布病毒。找准为家乡特产制造病毒的好素材，并掌握病毒发布技巧。

3）更新病毒再传播的方案。

3．实施结果

完成家乡特产病毒营销策划，实施病毒营销，帮家乡特产做营销推广。

项 目 小 结

本项目由病毒营销认知和病毒营销的实施组成。主要介绍了病毒营销的概念、特点、基本要素等相关知识，通过对病毒营销策划步骤与流程、传播途径等内容的介绍，结合任务应用与任务拓展，使学生能够尝试实施病毒营销。

思考与练习

1．**不定项选择题**（至少有一个选项是对的）

1）病毒营销的特点有（　　　　）。

A．传播速度快 B．接收效率高
C．"病原体"有吸引力 D．更新速度快

2）从传播动机和观点方面，（　　）和（　　）的区别主要是前者基于有趣，传播者不了解内容，不对内容负责；后者基于信任，了解传播内容，对内容负责。

A．口碑营销 B．病毒营销
C．视频营销 D．论坛营销

3）病毒营销的传播途径有（　　）。

A．即时通信工具 B．社区论坛
C．博客与微博 D．短信
E．电子邮件 F．视频

2．简答题

1）什么是病毒营销？它与口碑营销有哪些区别？
2）病毒营销的基本要素是什么？
3）成功实施病毒营销的步骤有哪些？

第 4 部分

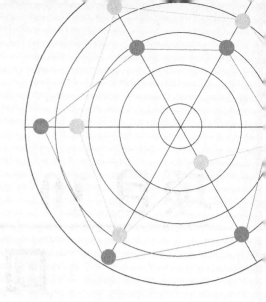

网络营销管理

网络营销管理涉及网络营销策略和实施网络营销活动的多个方面,内容相当庞杂。其中,网站推广效果评价是最基本的网络营销管理活动,是阶段性网络营销活动的总结,同时也为后续网络营销管理提供依据与参考。

项目 10 网络推广效果评估

学习目标

知识目标
1) 熟识各种网络推广效果标准。
2) 熟知网络推广效果标准的监测。
3) 掌握网络营销推广效果综合评价过程。

能力目标
1) 能够区分不同网络推广效果标准的用途。
2) 会监测网站的 UV 值、PV 值及网站收录数和排名监测。
3) 能评估网站的网络推广效果。

素质目标
1) 具有网络推广效果监测评估的能力。
2) 培养网站数据分析意识。

任务 1　网络推广效果标准认知

相关知识

网络营销推广的评价管理，建立在评价指标体系并可获得相关统计数据的基础上。借助网络技术的数据分析，发现用户访问及购买规律，将这些规律与网络营销策略等相结合，从而发现目前网络营销活动中可能存在的问题，为进一步修正或重新制定网络营销策略提供依据。

网络推广效果评估从不同角度进行，有不同的评估标准。

1. 网络营销经济效果评估标准

（1）投入产出比（ROI）

网络推广的最终极目标是达成销售目标。投入产出比（又称投资回报率）指出效果评估的最终标准：通过投资而返回的价值，即从一项投资性商业活动的投资中得到的经济回报。投入产出比中的"投入"是指项目全部静态投资额；"产出"是指项目全部运行寿命期内各年增加值的总和。

对于投入产出比（ROI），其计算公式为

$$投入产出比（ROI）=\frac{投资金额}{销售利润}\times 100\%$$

可理解为项目投入资金与产出资金之比，即项目投入1个单位资金能产出多少单位资金。其数量常用"1∶N"的形式表达，N值越大，经济效果越好。例如，百度推广一周的费用为2000元，营业额为4000元，则这一周百度推广的投入产出比计算如下：

$$投入产出比=\frac{2000元}{4000元}\times 100\%=\frac{1}{2}\times 100\%=50\%$$

（2）网络营销收入

网络营销收入是指消费者受网络营销活动影响而产生购买，最终给商家带来的销售收入。计算公式为

$$网络营销收入=P\times N_i$$

式中，P 代表网络营销推广的商品或服务的价格，N_i 代表消费者在网络营销活动的影响下购买该商品的数量。例如，产品价格为5元/个，通过网络营销活动销售了300个，则网络营销收入计算如下：

$$网络营销收入=5元/个\times 300个=1500元$$

2. 网络营销传播效果评估标准

（1）流量指标

1）页面访问量（PV）。页面访问量（Page View，简称PV）是指页面浏览量或点击量，用户每次对网站中的每个网页访问均被记录1次。用户对同一页面的多次访问，访问量累计。例如，一天内5个人分别访问一个网站3次，那么访问量是15次；若一天内5个人分别访问一个网站2次，每次访问6个页面，那么访问页面数就是60次。

网站的PV就像电视节目的收视率，一个网站的PV越高，知名度就越高，越受用户喜欢。

2）独立访客数（UV）。独立访客数（Unique Visitor，简称UV），又称独立（IP）访客数，是指某段时期内访问网站的实际人数。同一天的0:00~24:00，独立IP只记录第一次进入网站的具有独立IP的访问者，如果计算机关机重启，则在同一天内再访问该网站不计入数据。

页面访问量相当于一个展会的访问人次。独立访客数则相当于带身份证参观展会的访问人数。每一个出示身份证参观展览的人，无论出入几次，都只计作一次独立访问。例如，某个参观者出入展馆10次，则独立访客数（相当于UV）为1个，而访问数（相当于PV）为10次。

这里所说的"身份证"，在网络上就是访客的IP地址或Cookie。一个独立IP可以产生多个页面访问量，而只能产生一个独立访客数，所以页面访问量的个数大于或等于独立访客数

的个数。因此，访客数要比 IP 数更能真实准确地反映用户数量。

3）平均访问时长和平均访问页数。

① 平均访问时长是衡量网站用户体验的一个重要指标，指用户访问网站的平均停留时间。其计算公式为

$$平均访问时长=\frac{总访问时长}{访问次数}$$

如果用户不喜欢网站内容，则平均访问时长很短；如果用户对网站内容很感兴趣，则平均访问时长会很长。因此，平均访问时长越长，说明网站的内容越精彩、越吸引人。

② 平均访问页数是指用户访问网站时平均看了多少个页面。它能反映网站黏度。一般而言，网站质量越高，用户看的页面越多，平均访问页数也越高。其计算公式为

$$平均访问页数=\frac{页面访问量（PV）}{访问次数}$$

4）网站转化率。网站转化率是指在一个统计周期内，完成目标行动转化的次数占推广总点击次数的比率。其计算公式为

$$网站转化率=\frac{转换次数}{点击数}\times 100\%$$

对竞价而言，网站转化率是关键词和访问页面的精准的指标。网站转化率可以用来衡量网络营销的效果。例如，同时在 A、B 两个网站投放广告，A 网站每天带来 100 次用户访问，但是只有 1 个转化，而 B 网站每天带来 10 次用户访问，但却有 5 个转化。这就说明 B 网站带来的转化率更高，用户更加精准，网络营销效果更好。

（2）非流量指标

1）被搜索引擎收录的网页数量。评价网站搜索引擎可见度的基础数据是网页被收录的数量（见图 10-1），网站的收录数意味着网页被用户发现的机会大小，也反映网站内容是否丰富。被搜索引擎收录的网页数量的多少，可以反映出竞争者之间网站推广资源的策略及效果的异同。

图 10-1　淘宝网的收录数量

2）在搜索引擎检索中的排名监测。排名监测是指核心关键词在搜索引擎上的排名位置。核心关键词的质量高，能够使自身的网站检索结果排在检索页靠前的位置，信息的展露度高。排名越靠前，拥有的流量越多，如图 10-2 所示。

项目 10　网络推广效果评估

网站 163.com 的国家/地区排名、访问比例

国家/地区名称	国家/地区代码	国家/地区排名	网站访问比例	页面浏览比例
中国	CN	36	94.0%	93.8%
日本	JP	644	2.1%	2.2%
美国	US	4704	0.8%	0.7%
韩国	KR	567	0.7%	1.0%
其他	OTHER	-	2.4%	2.3%

图 10-2　网易在不同国家、地区的排名、访问比例

3）外部链接。外部链接是指获得其他相关网站链接的链接，是衡量搜索引擎优化效果的重要部分。获得互惠网站链接，既体现网络营销推广的成效，也反映网站在行业中的信誉度和受关注程度。在其他网站链接的数量越多，对搜索结果排名越有利。

实践证明，交换链接的意义已经超出了是否能够直接增加访问量这一具体效果。通过交换链接方式，可以获得搜索引擎排名的优先，获得合作伙伴的认知与认可，同时也是一个网站品牌价值的体现。

任务应用

1．获取流量监测数据

可以使用的专业统计网站主要有站长之家、爱站网、Alexa 网站。通过这些网站，将所要查询的网站地址输入搜索框，单击要查询的项目，如 SEO 综合查询、百度搜索引擎收录、关键词等，就可以查找相关的统计数据。下面以 Alexa 网站排名查询为例，具体操作步骤如下：

1）输入网址：http://www.alexa.cn，并且进入网站页面，如图 10-3 所示。

图 10-3　查看 Alexa 网站

2）在搜索栏输入："www.baidu.com"，点击综合查询。显示网站名称、网址、主办单位、单位性质、网站备案/许可证号，如图 10-4 所示。

网站 baidu.com 的ICP备案信息

网站名称	首页网址	主办单位	单位性质	网站备案/许可证号
百度	www.baidu.com	北京百度网讯科技有限公司	企业	京ICP证030173号-1

图 10-4　网站 baidu.com 的备案查询结果

3）显示网站 baidu.com 的全球网站排名查询结果，如图 10-5 所示。

网站 baidu.com 的全球网站排名与 UV & PV 值 以下UV&PV数据为估算值，非精确统计，仅供参考

周期	全球网站排名	变化趋势	日均UV	日均PV
当日	4	0	332800000	2123264000
周平均	4	0	317632000	2032844000
月平均	4	0	314080000	2038379000
三月平均	4	0	310656000	2009944000

图 10-5　网站 baidu.com 的全球网站排名查询结果

4）显示网站 baidu.com 的 PV、UV，如图 10-6 所示。

网站流量 以下UV&PV数据为估算值，非精确统计，仅供参考

访问量	当日	周平均	月平均	三月平均
UV	332800000	317632000	314080000	310656000
PV	2123264000	2032844000	2038379000	2009944000

图 10-6　网站 baidu.com 的 PV、UV

5）显示网站 baidu.com 的综合排名，如图 10-7 所示。

网站 baidu.com 的综合排名

域名	全球排名（PV Rank）	访客排名（UV Rank）	国家/地区	国家/地区排名	
baidu.com	4	4	CN	1	详情

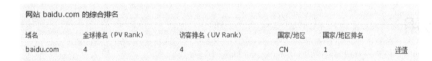

图 10-7　网站 baidu.com 的综合排名

2. 监测非流量数据

（1）查询网站的收录数量

直接在百度搜索框中输入："site:域名"即可，如图 10-8 所示。

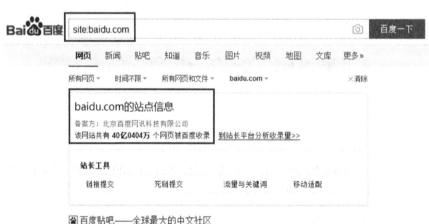

图 10-8　百度网站的收录数查询

（2）监测网站外部链接

友情链接检测：站长之家网站"http://tool.chinaz.com"中的站长工具找到"友链检测"。以淘宝网为例，如图 10-9 所示。

图 10-9　淘宝网站的友情链接检测

通过友情链接检测可以批量查询指定网站的友情链接在百度的收录、百度快照、PR 及对方是否链接本站，可以识破骗链接。

任务拓展

网络营销推广指标监测

1．任务目的

掌握网络营销各种推广标准的监测方法。

2．操作步骤

1）根据学校的情况，为学校或本专业设计制作网络广告。
2）应用多种网络营销推广手段结合广告对学校或本专业网站进行宣传。
3）从不同方面对学校或本专业网站进行推广指标选取，并进行监测。
4）统计学校或本专业网站的收录数、网站排名、PV、UV、访问停留时间等指标，并记录。

3．实施结果

完成对学校或本专业的宣传推广，并对推广活动进行推广指标检测，形成效果监测报告。

任务2　网络营销效果评估

相关知识

网络营销效果评估是一个系统工程，需要企业的网络部门和销售部门共同参与配合。网络营销效果评估可以使企业充分把握企业网络营销费用的具体流向，并能在众多推广平台中选择出最好、最适合企业发展需要的网络营销推广平台和营销手段。

网络营销效果评估就是利用各种网络统计分析系统结合线下的统计方式来分析网络营销效果，并结合销售情况做出准确的评估。通过评估，可以使企业进一步认清网络营销的推广效果，并根据具体的分析数据调整后续的网络营销推广管理。网络营销活动评估的效果可以分为以下几类：

（1）初级型

初级型网络营销模式下的网站设计指标、网站推广指标及网站用户流量指标和网络营销成本效益指标均表现较差。造成这种结果的原因主要有两个：网络营销人员是没有经验的初学者；企业领导对网络营销活动没有给予必要的重视。因此，扭转初级型网络营销的状况，首先要加强对网络营销活动的重视，特别是要引进强有力的领导者，培养经验丰富的营销人员，逐步使整个网络营销活动步入正轨。

（2）收益型

收益型网络营销模式下的网站设计指标、推广指标及流量指标并不理想，但是网络营销成本效益指标却很高。造成这种现象的主要原因可能是企业原有知名度较高，其产品或服务很受大众欢迎，因而其开展网络营销的起点较高，很快就能通过网络营销直接受益。尽管收益不错，但它一方面没有充分占领目标市场，将收益最大化；另一方面，其地位并不巩固，如果不积极加大网络营销力度，则很可能会被后来者取代。目前，一些国有知名企业的网络营销就属于这种情况。

（3）华而不实型

华而不实型网络营销模式在短时期内知名度极高，网站推广指标较高，网站流量指标也较高，但是网站设计指标和网络营销成本效益指标却极低。当然，华而不实型的网络营销并非一无是处，毕竟它还有一定的影响力，只要及时采取措施，改善两个较低的指标，还会有较好的发展。

（4）发展型

发展型网络营销的网络影响力较大，其网站设计指标、网站推广指标及网站流量指标都较高，但网络营销成本效益指标却很低。这种类型的网络营销与华而不实型网络营销反映出的指标类型十分类似，但却有本质的区别。发展型网络营销在网站内容、网站风格等方面做了许多努力，只是一时未见成效；而华而不实型网络营销完全只顾宣传，没有在网站内容和风格等方面下功夫，只会造成网络泡沫。所以，发展型网络营销的营销人员应加大将无形资产转化为收益的力度，仔细研究创收的切入点，才能从根本上提高成本效益指标。

（5）完美型

完美型网络营销模式下的所有指标都处于领先地位，在很高水平的基础上开展网络营销活动，并且网站和企业都具有可持续发展能力。它几乎是所有网络营销人员梦寐以求的目标，不过遗憾的是真正这样运作网络营销模式的企业目前并不多见。

任务应用

网络营销效果的综合评价

网络营销效果综合评价，是通过专业的评估和数据分析，针对网络营销计划的目标制定与达成、多种营销手段与效果的考量与检验。它不是各项网络营销具体策略的叠加汇总，而是阶段性网络营销活动的诊断与总结，需要与企业总体营销战略评价体系保持一致。网络营销效果综合评价一般分为以下4步。

1. 确立营销目标

企业进行网络营销活动前必须明确营销目标。所有的营销目标都可用数字表示，而且都是可测量的。例如，如果是直接销售产品的电子商务网站，其网站营销目标就是产生销售额。但对于不直接销售产品的网站，运营者可根据情况，确定能够测量的目标。例如，网站的目标是吸引用户订阅电子杂志，再进行后续销售，那么留下用户邮件地址，并订阅电子杂志，就是网站的目标。网站的目标也可以是吸引用户填写联系表格，或者是以某种形式索要免费样品，还可以是下载产品目录等内容。

这些目标都应在网站页面上有一个明确的目标达成标志，用户一旦访问某个页面，就说明已经达成网站目标。对于电子商务网站的目标完成页面就是付款完成后所显示的感谢页面。电子邮件注册系统的目标完成页面就是用户填写姓名等资料提交表格后所看到的确认页面。如果下载产品目录是网站的目标，那么文件每被下载一次，就意味着达成一次目标。

2. 计算营销目标价值

明确了营销目标后，还要计算出营销目标达成后对企业的价值。例如，电子商务网站，其目标价值就是销售产品所产生的利润。而如果营销目标是吸引用户订阅电子杂志等一些不易直接计算营销目标价值的项目，则需要根据以往的统计数字，估算出电子杂志订阅者中成为付费用户的比例，以及这些付费用户平均带来的利润是多少。例如，每200个订阅电子杂志的用户中会产生10个付费用户，平均每个付费用户会带来100元利润，那么这10个电子杂志付费用户将产生1000元利润。也就是说，每获得一个电子杂志订阅用户的价值是5元。

3. 记录营销目标达成次数

记录营销目标达成次数需要通过网站流量分析软件完成。延用上面的例子，一个电子商务网站，每当用户到达付款确认页面，流量分析系统就会记录一次网站达成目标。有用户访问到电子杂志订阅确认页面或感谢页面，流量分析系统也会相应记录一次网站达成目标。

不仅如此，网站流量分析系统除了能记录网站目标达成次数，还能记录这些达成网站目标的用户是如何来到网站的。搜索了什么关键词，来自哪个搜索引擎，或者来自哪个网站的外部链接，这些数据都会记录在网站流量分析系统中，并且与产生的相应目标用户相连接，为后续的营销评估工作提供信息支持。

4. 计算达成营销目标的成本

营销目标的成本是企业在一定时期内为保证目标利润实现，需要为之奋斗所付出的代价，它是成本预测与目标管理方法相结合的产物。计算营销目标的成本，就是计算达成营销目标时所付出的所有费用的总和。以竞价排名 PPC 为例，竞价排名后台能够显示每个点击的价格、某一段时间的点击费用总额及点击次数，综合这些信息，就能非常容易地计算出成本。

其他网络营销推广手段，由于大多没有明确的计算依据，则需要凭经验进行估算。如果网站流量来自于搜索引擎优化，则需要计算的成本包括外部搜索引擎优化顾问或服务费用，以及内部参与人员的工资。如果进行微信营销，则需要计算的成本包括花费的人力、时间及工资水平，换算成所花费的费用。这些费用都需要根据经验进行估算。

只有密切监测网络营销效果以及投入产出比，才能选择出最有效的网络营销方式，做出最合理的营销决策。企业的具体情况不同，性质不一，针对不同的网站，应用不同的网络营销手段的效率也有所不同。因此，面对众多的网络营销推广手段，只有不断地尝试各种方法，同时结合监控营销效果，计算投入产出比，才能找出最有效的营销方式。

任务拓展

网络营销的效果评估

1. 任务目的
掌握网络营销的效果评估方法。

2. 操作步骤
1）选取一个感兴趣的网站作为评估对象。
2）选择某一时间段，搜索其在这段时间的网络营销活动。
3）从不同方面对该网站进行评估指标选取，并且进行监测。
4）根据所学的评估方法，就这段时间该网站的网络营销活动进行综合评估。

3. 实施结果
完成所选网站特定时间段的网络营销效果评估，并适当地给出意见和建议。

项目小结

本项目由网络推广效果标准认知和网络营销效果评估组成。主要介绍了网络推广效果标准和网络营销效果的分类等相关知识，通过对网络推广标准的提取及网络营销评估的具体步骤的介绍，结合任务应用与任务拓展，能够尝试实施网络营销效果的监测与评估工作。

思考与练习

1. 判断题

1）投入产出比可理解为项目投入资金与产出资金之比，即项目投入 1 个单位资金能产出多少单位资金。（　）

2）一个网站的 PV 通常小于 UV。（　）

3）排名监测是指核心关键词在搜索引擎上的排名位置。排名越靠前，拥有的流量越多。（　）

4）专业统计网站主要有站长之家、爱站网、Alexa 网站、速卖通。（　）

5）收益型网络营销是网络营销人员梦寐以求的目标。（　）

2. 简答题

1）网络营销传播的流量指标有哪些？

2）网络营销评估的效果有哪几类？

参 考 文 献

[1] 冯英健. 网络营销基础与实践[M]. 5版. 北京：清华大学出版社，2016.
[2] 陆兰华. 网络营销[M]. 南京：东南大学出版社，2017.
[3] 陈道志. 网络营销实务[M]. 北京：北京大学出版社，2016.
[4] 尚德峰，王世胜. 网络营销[M]. 北京：中国人民大学出版社，2015.
[5] 惠亚爱，乔晓娟. 网络营销：推广与策划[M]. 北京：人民邮电出版社，2016.
[6] 商玮，段建. 网络营销[M]. 2版. 北京：清华大学出版社，2012.
[7] 李伟苑. 软文营销攻略[M]. 北京：机械工业出版社，2016.
[8] 徐茂权，马玉芳. 软文营销：理论、方法、策略与案例分析[M]. 北京：人民邮电出版社，2017.
[9] 刘青春. 网络营销[M]. 北京：清华大学出版社，2016.
[10] 钟静. 广告策划：理论、案例、实务[M]. 2版. 北京：人民邮电出版社，2016.
[11] 陈文广，李伟. 微信运营管理之道[M]. 北京：电子工业出版社，2016.
[12] 昝辉. SEO实战密码：60天网站流量提高20倍[M]. 3版. 北京：电子工业出版社，2015.
[13] 尹高洁. SEO从入门到精通[M]. 北京：清华大学出版社，2016.
[14] 城市数据团. 数据不说谎：大数据之下的世界[M]. 北京：清华大学出版社，2017.